# 自分をいかして生きる

西村佳哲

筑摩書房

目次

## 3 自由とか誇りとか

# 自分をいかして生きる

西村佳哲（働き方研究家）

本文デザイン　ＡＳＹＬ

## まえがき

〈仕事〉は〈人生〉と、〈働き方〉は〈生き方〉と背中合わせで、ほかの誰も肩代わりすることができない一人ひとりの生に直結している。

つまりそれは極めて個別的なものだ。普遍的な言葉で語りきれるものじゃない。

こうすればいいとか、こんな風に働くべきだとか、生きるべきといった話を他人が示すことはできない。誰も自分にはならないし、自分も誰にもならないから。自分は自分にしかなれないし、その意味において、誰もがその人なりの道筋をすでに歩いていると思っている。

僕はデザインやものづくりと、教育と、文筆の仕事を手がけている。30歳を過ぎた頃に会社勤めをやめて独立した。

やめてみて、自分は大きな会社での働き方——ミーティングの持ち方や物事の決め方など、もろもろ――しか知らないことに気がついた。

この後の自分の働き方を、あらためて一から学び直したい。そんな必要を感じて、雑誌の連載という形で尊敬するデザイナーやつくり手の仕事場をたずね、「どんな働き方をしているのか?」という話を聞いてまわった。


取材行を通じてまず確認したのは、「やり方が違うから結果も違う」ということだった。素晴らしい成果の数々は、働き方からしてすでに違っていた。

彼らはものをつくる前に、まず、それが生まれてくる環境や道筋を形づくっていた。

柳宗理さんが話してくれた、図面やスケッチを描かないという話（手元にある素材ですぐにつくりはじめる）。深澤直人さんが聞かせてくれた、試作品の感想を他人にたずねないという話（机の横に置いておいて誰かの反応を待つ）。パタゴニア社が、時には3カ月にも及ぶスタッフの冒険旅行を可能にしてい

『自分の仕事をつくる』（2003年、晶文社／2009年、ちくま文庫）

る話（戻ってから社内で体験を共有する）、などなど。

　彼らの働き方は日々の仕事の中で練り上げられてきたもので、方法論としては、あとから言語化されている側面が多々あるように思える。

　つまりどれも、その人をその人たらしめているなにかと密接につながっていて、他人がそのまま真似できるものではない。その人がやるから、その働き方が効果的に機能している。見方によっては癖や弱点や欠損のような部分も含む、その人の資質が、丸ごと取り柄として「働いて」いるように見えた。


　ところで、記事を読んだ方から、「すごいクリエイターばかりでなく、普通の人も取材してほしい」というコメントをもらうことがたまにあった。特別な人は文字通り例外的なのであまり参考にならない、という考えなのだと思う。

　でも、どんな人なら参考になるんだろう。

　いまここにいる一人ひとりは誰もが、育った地域、家族、そ

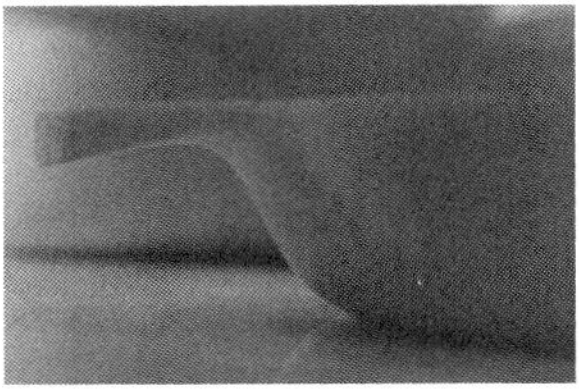

**柳宗理さんの「作り方」**
図面やスケッチを描かずに、写真（鍋の一部）のような形状をポリスチレンフォームをカッターで削りながら、直接つくり出して検討してゆく。いわば陶芸家のようなデザインプロセスをいくつも重ねていた。（1996年）

の親の育った環境、接した教育、心を動かされた出来事、失敗や成功から得た経験知など、さまざまな個別的土壌の作物としてある。世界のどこにも自分と同じ人はいない。

学習とは、体験を一度抽象化して、他の物事にも適用できるようになることだ。つまり真似というより、いきなり応用問題に入る。僕自身は彼らとの短い出会いを通じて、さまざまなことを学べたと思う。成果とは目標でなく、結果にすぎないということも、あらためて心に刻んだ。

活躍している人の姿を見てその例外性に注目する人、「あの人はそういう血筋だから」とか「金銭的な余裕があるから」といったことを語り始める人は、自分とその人の間に線を引いている。あるいは、誰に問われたわけでもないのに、自分から言い訳をつぶやいているようにも見える。

そもそも家柄や経済的な余裕は、裏目に出ることもある。条件や資質といった持ち前の現実を丸ごといかして、ある「働き」

を成している人たちの姿を、生育歴や経済などの条件面で特別視してしまうのはもったいない。
彼らの希少性は条件より、その条件をどう生きているかという部分にあると思うので。

僕が出会った人たちは、仕事というより、〈自分の仕事〉をしているように感じられた。「ただ働いているだけ」といった空気を漂わせている人は一人もいなかった。第三者の依頼で取り組んでいる仕事でも「頼まれたからやっている」匂いはない。「ほかの誰がやっても構わない」ような取り組み方は、どうやらしない。やるからにはどんな仕事も〈自分の仕事〉にする。そんな印象を受けた。

しかし、そもそも〈仕事〉とはなんだろう。
20代の頃あるテレビ番組を見た。俳優の植木等さんが、誰かを訪ねて海外へ旅に出かけるドキュメンタリー番組だったと思う。その中で彼は、確かこんな言葉を口にしていた。

**植木等**
1926〜2007年。高度成長期の日本を代表する俳優・コメディアン。映画『ニッポン無責任時代』に出演。歌手としても「スーダラ節」をヒットさせ、「無責任男」「わかっちゃいるけどやめられない」「お呼びでない？」など、無数の国民的なフレーズを放つ。

「自分はいま60歳を過ぎて、これから何をして生きていったらいいか、わからないんだよね」。

それで前から気になっていたある人に会ってみたくなって、この旅に出たんだ……という話だった。

当時の僕は、勤めていた会社で働きつづける自分の将来像が思い描けず、自分はいったい何がしたいんだろう？　何ができるのか？　といった問いを抱えながら日々悶々としていたのだが、植木さんの言葉を耳にした瞬間、「この悩みは老いてなおつづくのか！」と愕然としたのを憶えている。

と同時に、それは気づきでもあった。

どんなに成功しているように見える人でも、人生に「上がり」はない。植木さんのように多くの人から、その仕事を愛された人でも。あたり前の話だけれど、定年まで勤め上げたところでそこが上がりでもない。死ぬ瞬間まで「自分をどういかして生きてゆくか」という課題から、誰も降りることはできない。

こうしてみると、人間の仕事とは「死ぬまで自分をいかして生きる」ことのように思える。文字にすると限りなくあたり前の話だけど、いま僕が試みたいのは、そのあたり前のことの再確認である。

「生き生き」という言葉には「生」が二度登場する。

一部の先進国では人間の生存は比較的容易になった。が、ご飯をたべて、動いて、呼吸してさえいれば生きているというわけじゃない。生きている時間の上で、さらに生きる。あるいは新しく生まれなおすような瞬間を、わたしたちはこんな言葉づかいでとらえる。

同じように、働くことはできる。ただ働くことは。でもその中に〈生〉の充実があるか。その仕事を通じて、自分自身が生きている実感を得られているかどうか。

そんなことは仕事に求めるべきじゃない、理想論だよ、という人もいるかもしれない。しかし多くの人にとって一日の大半をしめる「働く」時間の中にそれを求めないとしたら、いったいどこに求めるんだ。

余暇や私生活の中に？　わたしたちは、仕事と生活をわけて生きることができるんだろうか？　そもそも、なぜわける必要があるのだろう。


今、これまでごくあたり前で、考える必要もなかったような事々について、あらためて新鮮に考えることができる時期を社会がむかえていると思う。

結婚って、教育って、食事って、新聞って、お金って、時間って、国って、そもそもなんだっけ？　という具合に。

社会をつくる時代があり、その恵みを享受する時代がつづいて今日にいたる。明治維新と敗戦というふたつの節目で社会のつくりに大きく手を加えた日本で生きているわたしたちは、程度の差こそあれ、文化的な記憶喪失状態にある。

この社会を抜本的につくり直す時代が始まるとか、どうつくり直すのかといった話はともかく、まずは身近な物事の一つひとつを、あらためて確かめ直してみるところから話が始まるんじゃないか。仕事や働き方はそのひとつだ。これらの積み重ねが社会をつくってゆくのなら、なおのことだと思う。

先ほど、どう働くべきか生きるべきかといった話を、他人が示すことはできないと書いた。

そう思っているし、べき論を述べるつもりもない。が、一人ひとりの仕事が、より〈自分の仕事〉であってほしいという願いはある。

単純な話、「やらされてやっている」ような仕事の累積で社会が出来上がってしまったら、つまらないし、生きている甲斐が感じられないので。

前著『自分の仕事をつくる』の補稿として、〈自分の仕事〉とはなにかということ、またそれはどのように可能なのかという考えや、逡巡を書いてみたい。

たぶん長い手紙のようなものになると思います。

# 1
# いる・いない

## わたしたちはなにを受け取っているのか？

ここ10年ほど美大でデザインを教えている。授業の中でこんな図を描きながら、学生たちに〈仕事〉について話すことがある。

海に浮かぶ島は、こんなふうに見える。

店先に並ぶ商品。封切られた映画。新しくできたお店。それらは、この島のようなものだと考えてみたい。


しかし島は、海の上につき出た大きな山だ。下には見えない山裾がひろがっている。

他の誰かの仕事を目にした時、この島のような見える部分だけに注目する人と、その下の裾野のひろがりに思いを馳せる人がいる。

目に見える部分だけで満足できるか、できないか。それはその仕事について自分がただのお客さんに過ぎないか、それだけでは済まない何者なのか？　という話につながるのだけど、とりあえず山に焦点をあてて話を進める。


水面の下の山は、こんな階層構造を持っていると思う。

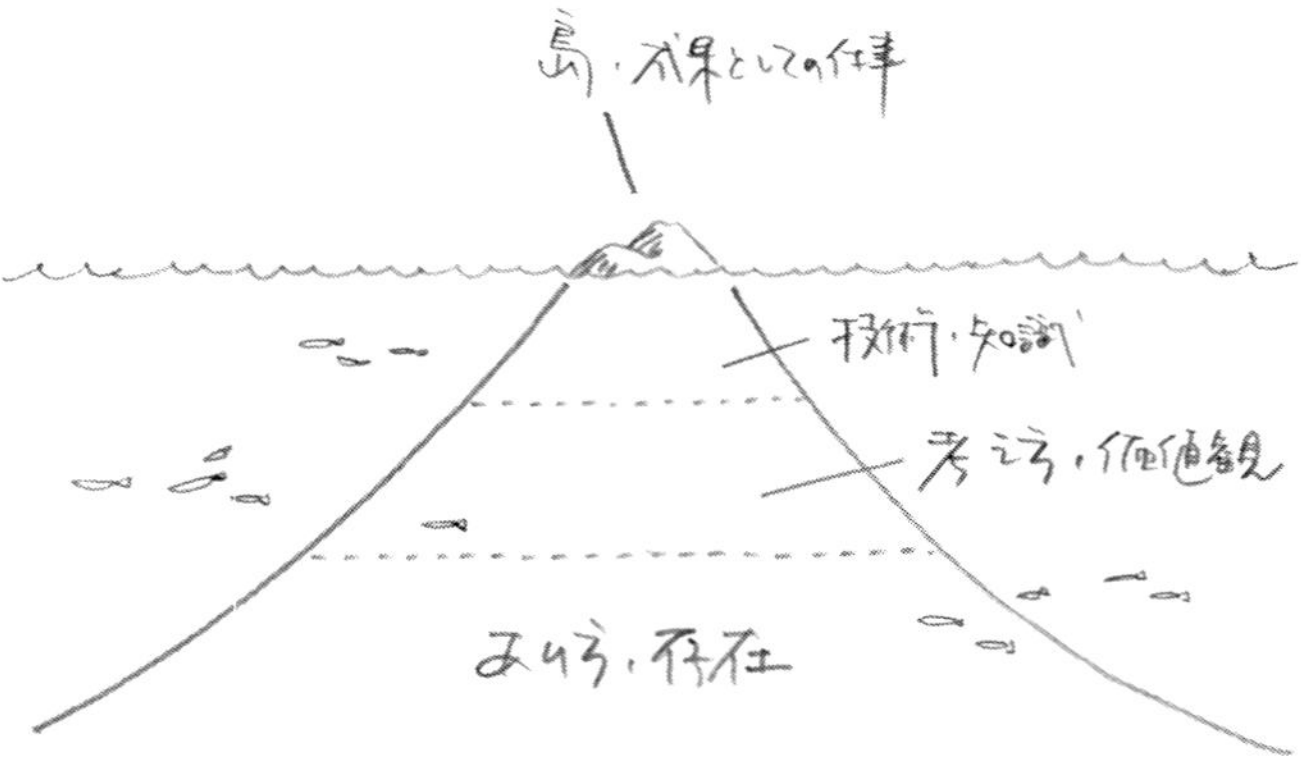
島・成果としての仕事
技術・知識
考え方・価値観
あり方・存在

成果を直下で支えるのは〈技術や知識〉だろう。一篇の詩も、映画も、一皿の料理も、それを実現する道具や素材の扱い方、身体技法、経験、協働を成立させる手法など、きわめて多様なノウハウの組み合わせを通じて形になる。

それらはどれも尊いものだと思う。しかし〈技術や知識〉だけでは何もつくれない。仮に形になっても、人の心に響く確率は低いだろう。共感のよりどころに欠けるから。

〈技術や知識〉をその直下で支えているのは、〈考え方や価値観〉だろう。なにを美しいと思うか、なにを大事にしているか、なにをもって善しとするかといった尺度があって、はじめて技術も知識もいかされる。どの方向にむけて、なんのために力を発揮するかという道筋を得ることができる。

そして〈考え方や価値観〉のさらに下には、〈あり方や存在〉とでもいう階層があると思う。

どんなふうに働いているか。どんなふうに生きているか。

毎日の暮らしの中でどのような呼吸をして、食べ、眠り。なにを信じ、恐れ。話したり、聴いたり。ほかの人々や自分自身と、どんな関わりを持って生きているかということ。

〈あり方〉とは生に対する態度や姿勢で、そこに自分の〈存在〉が姿をあらわす。

〈あり方や存在〉についてもう少し続けると、〈考え方や価値観〉は「私はこう考える」という具合に言葉で伝えることができるが、〈あり方や存在〉は言葉による表現があまり得意でない。

あえて言葉を用いる時、それは「ドキドキする」とか「居ても立ってもいられない」「腹が立つ」「呑み込めない」といった具合に、身体の感覚をともなう形で自らをあらわす。形容詞になる前の言葉で。

こうした言葉はより本人の実感に近く、飾り気もなくて、その人自身と一致して感じられることが多い。〈あり方や存在〉は、頭よりむしろ身体の方に近いのだろう。だから言葉を介した思弁より、口調や仕草のような、言葉以前のチャンネルを通じて姿をみせるのだと思う。あるいは沈黙を通じて。

語っている内容や、なにをしているかということより、どんなふうにそれを語り、どうやっているかという部分に、その人の〈存在〉があらわれる。


さて、仕事とはこの山全体なのだと思う。

モノであれサービスであれ、わたしたちが受け取っているのは上の成果だけでなく、この丸ごと全部なんじゃないか。

どんな成果にもそれを成り立たせているプロセスや下部構造が必ずあって、人はその全体を感じ取っている。安いとか便利といった理由で行われる買い物がすべてじゃない。買い物は時に、つくり手に向けた共感や敬意の表明でもある。それらに「消費」という言葉は、本当に似合わない。


僕はある店のパンが好きでよく買い求めに行く。そのパンは美味しいのだけど、ただのパンを食べている気がしない。栄養素とか旨味成分以上のものがミッシリ入っていて、明らかにそれをいただいている感じがする。

ある監督がつくるアニメーションが大好きで、何度も観る。そしてこの画面上にあらわれているのは、風でふくらむカーテンも、遠い星のまたたきも、すべてこの人がこの映画のために思い出したもの、つまりこれは、つくり手がこれまでに心を動かされてきた事々のかたまりなんだよな、ということを思う。

自分が食べているのはどうもただの食べ物ではないし、観ているのもただの映像じゃない。最終的に一つのパンやフィルムに結晶化してはいるけど、それは……。


職人の世界では、学ぶ者に〈あり方や存在〉をも含む、この〈仕事〉の全体を伝承する関わり方をとる。弟子入りをして、場合によっては衣食住までともにしながら、師の技術を見て盗み、日々その価値観に触れ、仕事を成り立たせている営みを共有する。師の〈あり方〉の細部に触れて、自分のそれをかえりみる。そうした時間を通じて、本人なりの仕事や姿勢が次第に育まれてゆくことを期待する。

一方学校教育の世界では、どちらかというと図の上の方〈技術や知識〉にウェイトを置いた形で、学習や成長が商品化されている。

教師にもよるが、徒弟制度に比べると学ぶ者との関わりは限定的で、結果として下の方の構造は脆弱になるか、あるいは各階層の連続性が薄い人材、ひいては道具のように交換可能な人材が形成されやすい構造があると思う。むろん、人は学校教育だけで育まれるわけではないけれど。

本人の存在感覚とのつながりが細い〈技術や知識〉は、有効性が局所的で応用に弱い。

成果として表にあらわれる仕事は、いわば作物のようなものだ。たとえばトマトの「実の部分だけ」をつくることはできない。果実は一本の苗の一部分で、その苗も生命の働きの一部分である。一粒のトマトを食べる時、わたしたちはそのトマトを育んだ土壌、気象、生産者の営みのすべてを口にしている。

デザインやものづくりもそうだし、会議用の書類づくりや、

店頭の接客のような仕事でもそれは変わらない。結果として生まれるものがトマトであれ、一脚の椅子であれ、本であれ、サービスであれ、それが「それ」になることを可能にしたひとつながりの働きの全てを、わたしたちは〈仕事〉として受けとっている。

映画のメイキングフィルムや制作ドキュメンタリーに人々が興味を抱きやすいのは、その内実が、成果に対して決定的であることを感覚的に知っているからだろう。

別の言い方をすれば、よりたくさん生命《いのち》が入っているものを、みんな求めているんじゃないか。

どう形にしているのか。なにを思い、願っているのか。どんなふうに感じ、生きているのか。〈あり方や存在〉を含む働き手のすべてが相手にとどく。

わたしたちは仕事やつくったモノを通じて、その先にいる人々に触れたり出会っていると思うのだけど、みんなはどう思う？　といったことを、美大で学生たちに話している。

**『2001年宇宙の旅』スタジオセット**
遠心力による人工重力を持つ宇宙船ディスカバリー号の船内シーンは、このセットにカメラを固定、ドラム全体を回して撮影された。監督はスタンリー・キューブリック。『未来映画術「2001年宇宙の旅」』(1997年、晶文社)より。

## 存在という贈り物

イタリアにアキッレ・カスティリオーニというデザイナーがいた。世界中のデザイナーから慕われた人だ。

彼が、デザインを学ぶ学生たちに宛てて書いた手紙の中に、こんな一節がある。

――いいプロジェクトというのは、自分の存在を後世に残そうという野心から生まれるものではありません。あなた達がデザインしたものを使うことになる、誰も知らない見ず知らずの小さな人々と、ある交換をしようと思う。その気持ちから、いいプロジェクトは生まれるのです。――

心が満たされるのは、どういう時だろう?

それは、自分の存在が認められる時だと思う。このこと以上に人の心を満たすものはないんじゃないか。

**アキッレ・カスティリオーニ**
**Achille Castiglioni**
1918〜2002年。イタリア・ミラノ生まれのデザイナー。1944年から兄弟で活動を開始。新しい技術と素材を用いて、家具や照明、展示会場、都市計画に至るさまざまなプロジェクトを手がけた。
Photo: Gionata Xerra

取るに足りない人間とみなされれば悔しいし、存在を認められない時には心が痛む。それは人にとって最も辛いことかもしれない。

調子よく相槌を打ってくるけどほとんど人の話を聴いていないような人や、手抜きの仕事におぼえる腹立たしさ、つまらなさは、質の良し悪し以前に、そこに相手が「いる」ことが感じられない不満足感から来るのではないかと思う。

個人的な印象としては、大きな企業や組織になるほど、自分の意見をあまり口にしない人が増える傾向が感じられる。

アイデアを出し合うミーティングでも、「それは流行っているんですか」とか「新聞で見ました」「前例がないので持ち帰り検討します」といった発言が多く、本人自身が今この瞬間に感じていることはあまり語ろうとしない。

隠れているつもりはないのかもしれないけど、目の前にいるのに、そこにいる感じがしない。彼らは自分でも、自分がなにを感じているのかよくわからないのかもしれない。

役所の窓口のような場面で生じやすい、「そういう決まりなので」といった対応。丁寧できちんとしているけど、誰が相手でも変わらないチェーン店の接客作法、などなど。役割やルール、表面的なコミュニケーションの形式を楯にして、自分自身の実感や居所を明かさない人は、関係性を冷やす。

プロジェクトのミーティングでこうした人の割合が高いと、焚き火に薪をくべる人は次第に減り、みんなただそこにいるだけ、ただ働いているだけ、時間をやり過ごしているだけ……といった空しさが漂いはじめる。その空気は「いるのにいない」人、空き家のような人々の戸口から流れ出てくる。

彼らは、色や形は整っているけど味のしない野菜のようだ。人間の心にハッキリとした傷を与えはしないものの、それらは空虚な感覚を残す。

加工食品の味の決め手は、今や素材や調理法以前に香料が

**香料**
化粧品や食品に香りを与える物質。天然香料と人造香料に大別される。企業秘密に属することもあってか、この呼称以上の詳しい成分表示は義務付けられていない。

担っている。成分表示を見れば、ほぼ必ず「香料」の文字がある。野菜ジュースにも含まれていることがある。

舌の味蕾《みらい》は数種類の味を感知できるが、嗅覚にいたっては数千種類もの物質を感知するようだ。わたしたちが味として感じるものは、味覚以上に鼻腔の奥が感受する匂いや香りによるところが大きい。とくに口に含んだ瞬間の第一印象は。

本来の味わいとは、噛み心地や、噛むことで抽出される旨味成分、さらに食後の胃や腸の具合までをも含む全身的な体験だと思う。が、香料を決め手に使う食品は、第一印象は良く美味しかった(美味しそうだった)のに、後味はそれほどでもなかったり、むしろあまり良くない……といったダブル・メッセージを人に与える。

香料は、現代の象徴的な生産物だと思う。そしてデザインの多くは今、この香料と同じようなもの、つまりフレーバーとして重宝されている側面が大きい。

いや、これはデザインだけの話なのか?

サービス業をはじめとする第三次産業は、雇用においても経済面でも、現在国内の約70%を占めている。

その現場では、たとえ演出に過ぎなくても「楽しく働いている」とか、「お客様の喜びは自分の喜びである」といった印象を与えることがプラスの評価につながる。

肉体労働や頭脳労働から、感情労働に日本人の仕事がウェイトを移して、働く人の気持ちや感情表現が商品のようにその一部として扱われ、売り買いされる度合いが強まっている。「顧客志向」といったスローガンひとつで、製造業のような第二次産業も同じ重力場に含まれる。

そしてそこに、接客マナーとかワンツーワン・マーケティングとか、先の香料と同じく「印象を良くする」ためのさまざまな工夫が施されるわけだが、それらが重ねられれば重ねられるほど、わたしたちの心はシラけてゆく気がする。

**ワンツーワン・マーケティング** 顧客の行動履歴を蓄積、分析し、カスタマイズした対応や、サービスの提供を行う手法。冒頭が個人名を名指しする形で送られてくる自動送信型の広告メールも、その一例。

「いない」のに「いる」ふりをした仕事に触れつづけることによって。

社会は、わたしたち一人ひとりの仕事の累積でできている。まわりを見回せば、目に入るものはすべて誰かが手がけた仕事だ。部屋の床や壁、聞こえてくる音楽や指先のペン、いま着ている服、腰を下ろしている駅のベンチも。誰かがある日そのあり様を思い描いて、実際に形にした。

つまりこの社会で生きることは、24時間・365日、なんらかの形で人の仕事に触れつづけることだと思う。それら一つひとつを通じてわたしたちは日々、無数の存在感ないし不在感と接している。「いる」とか「いない」とか。

その後者から受ける薄いダメージのような虚無感が折り重なって、あきらめや無関心が広がり、わたしたちの社会が次第に散漫で秩序を失ったものになってゆくとしたら、これはきわめて深刻なことなんじゃないか。

美味しそうなのに、食べても満たされないもの。立派に見えるのに、どこかごまかされている感じがするもの。人はこうした、正体が不明で一致感の低いものに触れつづけると、心のどこかにあるスイッチがパチンとOFFになって、起きているけど眠っているような散漫な印象を示し始めるように見える。

そしてその「こんなもんでいいでしょ」という感覚の中で行われた仕事は、同じ感覚を人にうつす。ある人間の〈あり方〉が、仕事を通じて他の人にも伝播してゆく。

仕事の先にはかならず人間がいる。あらゆる仕事は、直接的であれ間接的であれ、それを通じて人間に触れてゆくし、人間を取り扱う。が、その扱いがどうこうといった話以前に、主体の在・不在という問題があるということ。

環境問題は地球の自然環境をめぐる問題群を指す言葉だが、これは人間という環境をめぐる、もうひとつの環境問題だと思う。

**ロンピトラッタ（1968年）**
カスティリオーニが手がけた照明器具用のスイッチ。暗がりで使われることから、手触りによる明快な操作感や、スイッチ音などを大切にして作られている。彼のデザインの中でこれまで最も大量に生産され、かつ匿名性が高く、世界各国で使われている一品。
Photo: Yosuke Taki

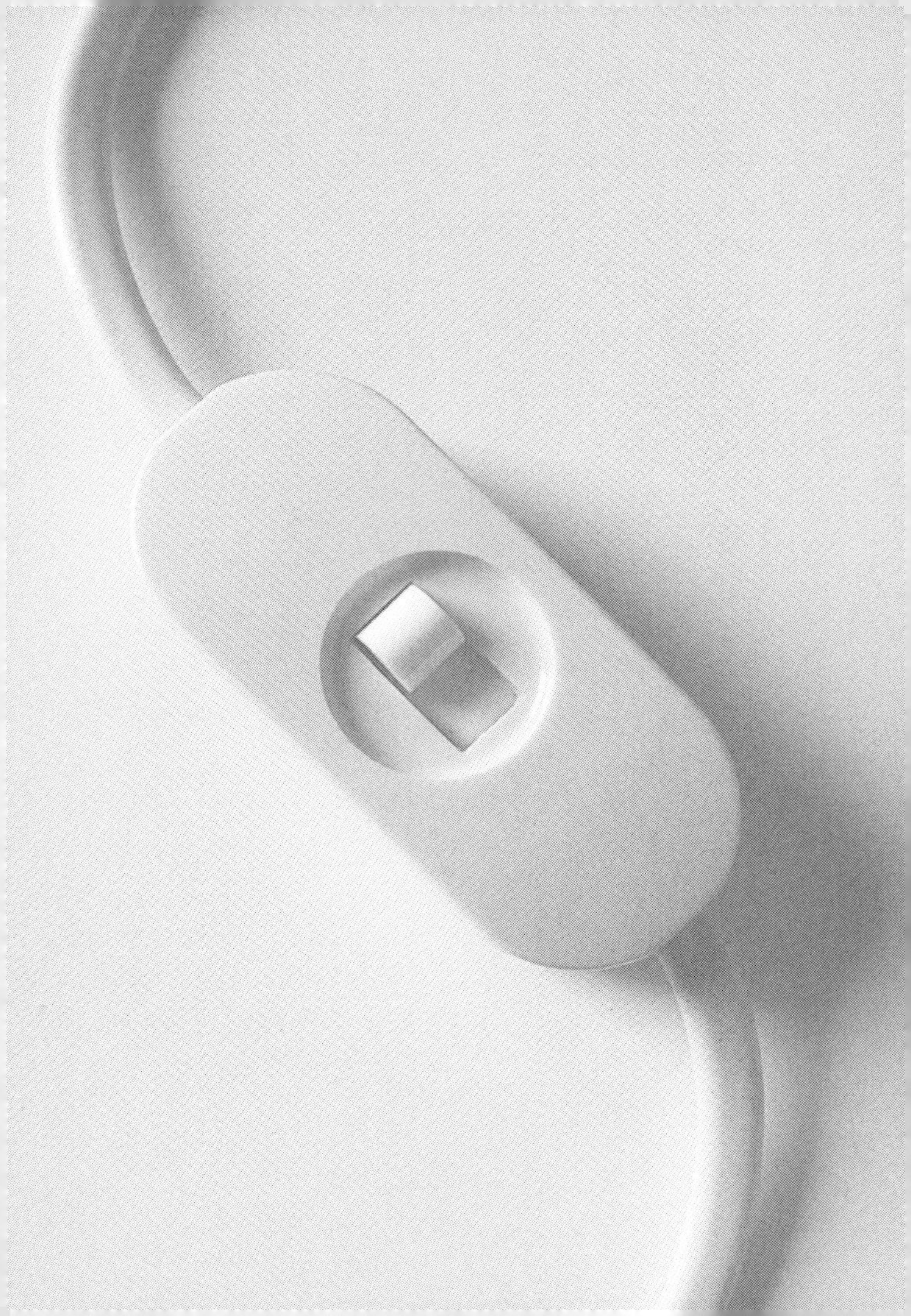

プレゼント（present）という言葉の語根は、ラテン語のesse（＝to be）にある。

つまりプレゼントとは「生きて・いる」ことであって、存在（presence）そのものが贈与であるということ。

なにをくれるとか、してくれたということ以前に、双方が互いに「いる」状態を更新すること。より「いる」ようになることが、贈り物の本質的な役割なのだと思う。

先の手紙でカスティリオーニが「ある交換」という言葉で捉えようとしていたのも、この感覚なんじゃないか。

「わたしがいて、あなたがいる」ということ。会ったこともないどこかの誰か、自分の仕事に触れる見ず知らずの誰かと、存在の交わし合いを望むこと。わたしが「いる」ことによって相手がより「いる」ようになる。そんなエネルギーの環流を生みだすこと。

その実現を求める気持ちが「いい」プロジェクトの起点なん

だ、という想いを、彼は学生たちに宛てた手紙に託したんじゃないかと思う。

## いい仕事、について

「いい仕事」という言葉は、技巧や贅を尽くしたものに与えられることが多い。

たしかに習練を積んだ人が、惜しまず真剣に力を発揮している時、またそこになにがしかへの愛が感じられる時、わたしたちは思わず嬉しくなる。

しかし高度な技巧や良い素材が「いい仕事」の必要条件なのかというと、そうとは思えない。

ある建築家の本に「世界中の心地よい空間の大半は、デザイナーや建築家によるものではない」という言葉が書かれていたが、まったくその通りだと思う。

掃き集められた庭の落ち葉、手書きの賀状、寝付かない子ど

**『パタン・ランゲージ——環境設計の手引』**（1984年、C・アレクザンダー著、平田翰那訳、鹿島出版会）

ものために枕元で母親が語るつくり話など、テレビにも雑誌にも紹介されない静かでひかえめな「いい」仕事は無数にあって、世界の隅々はむしろそれらで満たされている。

熟考が重ねられたわけでも素材が厳選されているわけでもなく、ある意味いい加減につくられているけど、心は満たしてくれる。そんな仕事に接してきた記憶もたくさんある。

丁寧さや品質というのは、自分が「いる」状態で行われる仕事に、自然に付随する要素に過ぎないのでは？

たとえば時間が足りず、十分に手をかけられなかった仕事でも、そこに人が「いる」感じがあれば、少なくとも納得感は得られるように思う。

僕は昔、美術大学でデザインを学んだ。入学して間もない頃は、格好いいデザインが好きだった。

が、イームズが手がけた家具の実物や、吉阪隆正が設計したアテネフランセの階段の手摺りに手で触れ始めた頃から、自分

**チャールズ・イームズ**
**Charles Eames**
1907〜1978年。20世紀を代表する米国の建築家。家具、展覧会、映像などの分野において、妻のレイとともに世界に多大な影響を与える仕事を残した。

**吉阪隆正**
1917〜1980年。日本のモダニズムを代表する建築家の一人。大学教員時代に、ル・コルビュジエのアトリエに勤務。日仏会館やアテネフランセの設計を手がけた。

が感じている魅力は、色や造形による格好の良さではないと思うようになった。

初めてヨーロッパへ行き、大聖堂の圧倒的な仕事量に感服したり、日本の古い木造建築の細部に感じ入るようになるにつれ、「いいデザイン」などどうでもよくて、自分は「いい仕事」を求めているんだなということ。そして、できればそれにかかわっていきたいと、少しずつ思うようになった。


でもその「いい仕事」とは、いったいどんなことを指すのか。これはなかなか言葉に出来ずにいた。今はこう思う。僕が魅力を感じ、満足を覚えるのは、「いる」感じがする仕事である。「いる・いない」は、「上手《うまい》・下手《へた》」じゃない。美味しいに越したことはないが、極端な話、不味くても「いい!」と思える店もある。

そしてそんな仕事に触れている時、自分は元気になっている感覚があるのだった。

結果を伴わなくても構わないと言いたいわけじゃない。場面場面において果たすべき務めはあるだろう。

が、ビジネスの目標や頭の中の考えではなく、人の心に応え、それを満たすものは一体なんだろう？　ということを考えている。とてもよくできていて感心させられるけど、心はそれほど喜ばない。そんな仕事に出会うこともままあるので。

趣味や考え方は自分とまるで合わないのに、十分に認めたくなる仕事に出会うこともある。たとえが変かもしれないが、戦国武将が「敵ながら天晴れ」と口にする時、彼はいったい相手の何に納得しているんだろう。

手がけた仕事に対して、「面白い」とか「興味深い」ではなく、「ありがとう」という言葉が返されてくるとき、そこに込められているものを大切にしたい、と前著に書いた。

これは人の〈あり方〉に向けて戻されている言葉だ。「有り難い」「そのようにはありにくい」「あまりないことだ」という、感嘆を含むフィードバック。

人間は基本的に、「いい仕事」をしたい生き物だと思う。給料や条件とかステイタスの話ではなく、他の人々に対して「いい影響を持ちたい」、という欲求があると思う。

「いい影響」とは、その仕事に接した人間が「よりハッキリ存在するようになる」ことを指すんじゃないか。「より生きている感じになる」と言い換えてもいい。

「良い仕事」とか「善い仕事」といった言葉は、あまり使う気になれない。善悪で人間の仕事を捉えるのは気が進まないし、良さも悪さも、社会背景や状況によって変わってゆくものだから。

美味しい料理をつくりたい職人も、コンサートをいい時間にしたい音楽家も、「善くありたい」とか「良くありたい」というより、それに触れた人が、より新鮮で生き生きとした状態になること。存在の輪郭がよりハッキリすることに、喜びを感じるんじゃないか。

そしてクリエイティブという言葉が指し示しているのも、実は創作物より、この生まれ直すような人間の創造性の方なんじゃないか。


心理カウンセラーの友人が、ある時、こんな話を聞かせてくれた。


――あるクライアントがいて、リストカットの痕がいっぱいあってね。身体にもある。上着を脱いで、僕にそれを見せてくれたんです。

最初はびっくりしたけど、聴きたくなって。「どうして切るの？」じゃなくて、「それはどんな感じなのか」「そこまで切るっていうのは、どんな味わいがあるのか」と。

僕は切ったことがないからわからないんだけど、彼女は「血が出てくる時に、初めて自分が温かいことがわかる」と言ったんです。血はあったかいから、それに触れると初めてわかると。それを聞いて、僕、「ついていける」と思ってね。自分が生きている、ということを確認しているんだとわかった。沢山のリストカットの痕も、彼女なりの手続きの一つなんだと見えたわけです。——

自傷行為を推奨するつもりはない。リストカットに限らず、アルコールや覚醒剤など、代償的なものにエネルギーを注ぐ依存的な嗜癖を好ましくは思わない。

でも「血はあったかい」という彼女の言葉には、思わず心が動く。そこには何かの代償でなく、いま生きている自分を感じたいという彼女の願いと、それを求める動きが垣間見える気がするから。

人間は「生命」と呼ばれる現象の一形態で、生命力とは「より生きる」ことを求めて発現する力を指す。

いまこの文章を書いている僕も、読んでいる人も、まだ死んでいない。生きていて、さらにより生きている感じがする時、自分が生きていることをあらためて思い出すような瞬間に、喜びをおぼえる。そんな時に喜んでいる。

心が眠っているような状態や、生きているんだか死んでいるんだかわからないような状態ではなく、人が「より生きている」ようになることを助ける働きが「いい仕事」なんじゃないか。

その眼差しで世界を眺めると、仕事という言葉をめぐる風景が変わり始める。真夜中の道路工事現場で交通整理をしていた、あるおじさんの礼儀正しさに心を打たれた時のこと。隅々まで手の入った庭へ足を踏み入れた瞬間の、ハッとする気持ち。

思わず背筋が伸びて、少し呼吸が深くなるあの感じは、その仕事を成している〈存在〉を目撃した自分の〈存在〉が、より生きることに向かって身を整えた、小さな反応なのだと思う。

より生きている人の姿は、それを目にした人の存在感覚に働きかける。たとえば、人の勇気を起動して突き動かすのは、なによりも実際に勇気を出して行動した人の姿だ。

自分が「いる」仕事をすること。

それが、会社が働き甲斐のある会社に、人の集まりが関わり甲斐のある集まりに、今この瞬間が生き甲斐のある時間になる始まりなんじゃないかと思う。

## 花森安治さんの大阪論から

読売新聞大阪・社会部の連載記事（1978年）をまとめた、『われわれは一体なにをしておるのか』（読売新聞大阪社会部、講談社）という本がある。

この中に、亡くなる直前の花森安治さんのインタビューが載っているのだが、好きなくだりがあるので少し紹介してみたい。彼が大阪の人間について論じた話の一部分だ。

――いまは変わったかもしれんけど、ぼくはね、ほめて、ほめて、なんぼほめても、ほめ足りんことがある。大阪の警察の発想やねん。

あのね、御堂筋のドン詰まりで、心斎橋から出てきたところあたりにねえ、空きタクシー停車禁止なんちゅう立て札が立ってますわ。とこ

ろがその下に小さく〝但《ただ》し、雨雪の時、除く〟と書いてありますわ。

これはタクシーの味方しとるわけやない。お客の味方しとるわけや。あすこで拾えなんだら、ずっと難波《なんば》の方へ回らんならんか、御堂筋を逆行するかせんならん。それでね、大阪で警察に聞いたんですわ。〝失礼やけど、えらい立派なもんですなあ〟いうたら、キョトンとしとる。〝そないいわれたら、そら結構なことですけど、そうですかいなあ。ヨソはあんまり、そういうことをしてませんかなあ〟って。

これはうれしいですなあ。——

花森さん、喜んでます。

この但し書きを支えているのは、性悪説でも性善説でもない。なにか問題が生じても、ルールでなく人間が調整すればいいという、極めて

心斎橋から四ツ橋方面を見た長堀川／1961年（提供：毎日新聞社）

現実的かつリーズナブルな信頼が感じられる。観念的でないところもいい。そんなふうに生きてきた誰かが、看板の向こうに「いる」感じがする。「いる」といっても、決して自己顕示的でもない。ただ健やかに存在感があらわれている様子に、花森さんの回想を通じて僕も嬉しくなった。

読売新聞の記者はこの看板を確認しに行ったが見つけられなかったようだ。花森さんのこの記憶は、さらにその10年前のものだという。

**花森安治**
1911〜1978年。編集者、デザイナー。雑誌『暮らしの手帖』を創刊、広告を載せず消費者の立場で商品の私用実験をするなどのユニークな誌面作り、また独特のデザインで一世を風靡した。

# 2 自分の仕事

## どんな○○○に？

たとえばここに高校生ぐらいの女の子がいて、「美容師になりたいんだ……」と相談してきたとする。

僕ならその彼女に「どんな○○○になりたいの？」という問いを戻すと思う。それは、「美容師になりたい」と言っている彼女のなりたいものが、美容師とは限らないと考えるからだ。

彼女は、人をきれいにする仕事がしたいのかもしれない。人に感謝される仕事をしたいのかもしれない。すぐに成果が出るところに惹かれているのかもしれないし、人と話を交わしながら働けるところがいい、と感じているのかもしれない。身体が触れ合うことが好きなのかもしれないし、いつか自分の店が持てるようなことを仕事にしたいのかもしれない。

その年齢の彼女が、心の中にあるいろいろな願いや望みを投じる対象として知っている職業の中から「これかな？」とあるカードをひいてみた。それがたまたま美容師だった。

としたら、職名よりも〈どんな〉という部分の方が、彼女の本体に近いんじゃないか。

その職業に投げかけられている願いや望み、彼女が人生に抱いている期待を吟味できれば、よりありありと〈自分の仕事〉を模索できるんじゃないか。実はカメラマンや演出家や、スタイリストの方が近いかもしれないし、別の職業でもいいのかもしれない。

結果的にやはり美容師がいちばんピッタリくるものだったとしても、雑誌やテレビが喧伝する華やかな成功者のイメージでも、「こうあるべき」といった職業倫理でもなく、本人の想いを軸足にして〈自分の仕事〉へ近づいてゆく方が、なにより健やかだし、話も早いはずだ。

もちろん、「働くのは自分の想いを十分検討してからにするべきだ」とは思わない。まずは縁や直感を手がかりに働き始める方がいいと思う。

しかし職業を入口にして〈自分の仕事〉を考えてゆくと、なにを以てよしとするかという価値基準が、外から与えられやすいんじゃないかというところが気になる。


むろん、小さな頃から写真家になりたくて写真家になってゆく人もいれば、同じように保育士になる人もいる。イチローのように野球選手になる人もいる。

でもたとえばイチローに関して言えば、彼は〈どんな〉野球をしたいかというイメージを極めて明確に持っている選手だと思う。球場全体がワーッ！と歓声を上げるあの瞬間の感じ。複雑な動きの始まり。打ち上げない、転がる球がつくり出すゲームの面白さをとてもよく知っていて、それが彼のプレーを形づくっているように見える。

極端な言い方をすると、彼の本懐は野球選手としての技術以上に、その面白さを人一倍知っていることの方にあるんじゃないか。そしてその感覚は、いつか引退してほかの仕事をはじめても、同じように「働く」はずだ。

さらに言ってしまえば、わたしたちは美容師になりたいわけでも野球選手になりたいわけでもなくて、〈自分〉になりたい。より〈自分〉になれる仕事をさがしている。

働くことを通じて「これが私です」と示せるような、そんな媒体になる仕事を求めているんじゃないか。

なにがしたいということより、それを通じてどんな自分でいたいとか、どう在りたいかといったことの方が、本人の願いの中心に近いんじゃないかと思う。

自由の大衆化が進んだ社会で、人間は「なんにでもなれるはずだけど、それがなんだかわからない」という不自由さを抱えている。

身を置いている状況は人それぞれで、家業を継ぐべき立場にいる人もいれば、親やまわりが結婚相手を決めるような環境に身を置いている人もいるだろう。人生の自己裁量をあまり持ち得ていない、と感じている人もいるかもしれない。

しかし、仕事であれ人生の伴侶であれ、最初のうちは周囲も「仕事はなにをしている?」とか「相手はどこの誰?」といったことを話題にしがちだけど、最終的に価値を持つのは、その仕事を本人がどうやったか、相手とどんな関係性を育んだかということだけだ。

そう考えると、職業も仕事もある意味なんでも構わなくて、力を発揮するきっかけに過ぎないようにも思える。それを通じて、ありたいようにあることができるのなら。


なにをするとかしているといったことより、肝要なことがあるんじゃないかということ。

ニューヨークで活動するエリザベス・ペイトンという画家はデビューしてまだ間もない頃、インタビュアーの「〝絵画は死んだ〟とよく言われるけど?」という質問にこう答えていた。

――あまり関係ない。わたしが朝起きて、絵を描こうと思い

**エリザベス・ペイトン**
**Elizabeth Peyton**
1965年生まれ。現代アメリカの代表的画家。90年代に頭角をあらわし、ミュージシャンや歴史的な人物、あるいは友人の肖像絵画で人気を博してきた。

つづけてればね。ロックと同じようなもので、たとえば、今、ギター中心の曲はあまり作られていないけど、誰かがやりたいって思っていいものを作れば、誰もそんなの価値がないなんて言えないじゃない。――

なにがイケてるか、これからなにが来るか、どう動くのが得か。運と頭のいい人は、その思考方法で結果を出せるだろう。でもそれは現状追認の先取りだ。

どんな結果を得るにしても、優れたフォロワーであるより、つまり他の誰かみたいになるより、自分自身を社会に差し出してみる方が、少なくとも後味はいいんじゃないかと思う。ことへ自分の仕事〉については、誰もが世界代表であり最前線に立つパイオニアだ。取り組んでいる人が他にいないので。

あらかじめ価値や意味のある仕事なんてない。あるように見えてもそれはたまたま時流にかなっているだけの話で、要はそれを誰が、どう、やるかだ。

たとえば総務部で働く事務職の女性や、バスの運転手、あるいは宅配便の配達員といった仕事は、いわゆるクリエイティブな仕事ではないと思われがちだ。が、それらに携わっている人人の中にも、明らかに他の人と違う輝きを放ちながら働いている人はいる。

仕事の内容はあらかじめ決まっていても、それを「どうやるか」は自分で考えることができるし、やることができる。バスの運転手でいえば、さすがに路線を変えて走ることはできなくても、どんな運転をして、どんなやりとりを乗客と交わすかという部分は彼の手元にある。

クリエイティビティ（創造性）とは仕事の内容より、むしろやり方や、それに対する姿勢。ひいてはあり方に関するものだと思う。

世間でクリエイティブと称される仕事をしている人たち。たとえばデザイナーやアーティストの中にも、「ただ働いているだけ」のような人はいなくもない。というかいるし、どんなに洗練されていて他の人には真似ができないほど上手くても、ただこなしてやっているような仕事にクリエイティブという言葉は似合わない。

むしろ下手くそでぎこちなくても、仕事に対する初々しさや可能性が感じられる働きの方に、この言葉はフィットする。

やることがあらかじめ決まっている定型的な仕事でも、創造性は一人ひとりの手元にある。

言い方をかえれば、どんな仕事も本人次第ということか。が、この言葉は微妙だ。これについては第三章であらためて触れてみたい。

## 仕事は「選ぶ」もの？

仕事を「見つける」とか「与えられる」、仕事に「就く」、会社に「入る」といった言葉。ここには、それを語る人の仕事観があらわれる。

中でも「選ぶ」という言葉には少し気になるものがある。仕事は「選ぶ」ものなんだろうか？

以前、ある企業の人事採用プログラムに関わり、就活中の学生たちと話を交わす機会があった。その際に驚いたのは、就職活動を、まるで成人の儀礼のように捉えている人が少なからずいたことだった。複数の内定を手に入れながら、「わたしはまだ『就活』を深めきれていないんです」と真剣に悩んでいる人が何人かいた。

各社が示す条件や理念と、自分を照らし合わせながら、迷いつづけるその姿は、本人たちに申し訳ないが「間違いのない買い物」をしたがる消費者のそれと重なって見えなくもない。

いやこれは言いがかりで、むしろ問題は、大人がその時期の学生たちに与えている自己分析や適性診断プログラムにあるのかもしれない。要らぬ迷いを増やすような効果をあれらは持っている気がするし、通過儀礼を失った社会にも問題の根はあるのだろう。

話を「選ぶ」ことに戻す。

正解を求める心の動きはどのように形成されるのか。間違いのない買い物や、損のない買い物、賢い買い物をしたいという感覚も。「深めきれていない」という先の言葉もそうだが、その辺りには強迫観念のようなものが透けて見える。

賢さや間違いのなさを求める観念には、人を「今この瞬間」から引き剝がす作用がある。いつもなにか他に、どこか余所に、正しい答えが、もっといいものがあるんじゃないかと気を散らす。

20年前に参加した勉強会で、あるマーケティング・プランナーが「現代の人間の創造性は消費行動に集約できる」といった話を熱心に語っていた。人間とはすなわち消費者である、ということ。素直に頷きたくはない話だが、言わんとするところはわかる。

現代の人間、なかでも資本主義的な文化圏で生きているわたしたちは、豊富な選択肢の中から欲しいものを選び・手に入れる、という作業を日々くり返している。テレビで、インターネットで、本屋さんで、スーパーマーケットで、セレクトショップで。

わたしたちは無数の情報の中から自分のためのなにかを見つけ出すことに長けているし、「センスがいい」といった褒め言葉も、人の選択能力に向けて与えられがちだ。

選択肢の多さこそ豊かさである、と語る人さえいる。選べないこと＝貧しさだと言わんばかりの単純さには、ちょっとついてゆけない。物資に恵まれず、土地も肥沃でなく、しかし余所にも移らずに、先代から引き継いだ畑を家族と耕しながら、ただ太陽や土と生きていた人々の暮らしに触れた時の豊かさを思い出すからだろう。彼らは、経済的には貧しくても、旅人に温かかった。

選択可能な現実がほかにもある、と知ることは、精神の自由を可能にする。そのための知力や気力はあった方がいいと思う。が、選べないことが貧しさになってしまうのは、選ぶことを課せられたゲームの中での話だ。そもそも与えられた選択肢の中から選ぶことが、豊かなのかどうか。

カタログ化した社会で、価値をつくるのではなく、選んだり買ったりして生きること。自分に合わせて選んでいるように見えて、実は自分を与えられた枠組の方に合わせているような事態が頻繁に生じているんじゃないか。

高度に情報化した社会には、読み応えのあるアウトドア雑誌のような可笑しさがあると思う。さっさと出かければいいのに、その前に美しい自然の写真を眺め、他人の旅の逸話に目を通して、豊富な二次情報を摂取する。普段着でも山歩きはできるのに、間違いのないウェアやギア選びに時間をかけたり。

これと似た状況は、仕事や働くことの模索においても生じやすいはずだ。

選ぶ過程を通じて、自分が本当に欲しているものがわかってくることはあるだろう。選んだり探したりする行為自体の面白さもわかる。たとえば子どものことを考えて慎重に重ねられる親の熟考を、間違いのなさや賢さを求める強迫観念と同列で語るのも失礼な話だ。

　しかし人の弱みや、不安な気持ちの足元を見るようにして、さまざまな商品が差し出されていることや、人間が、自ら積み上げた二次情報の厚い壁の内側で生きているような今の社会に、品定めのような情報処理を延々とつづけさせる環境特性があることは心得ておきたい。


「なんのために働くのか」とか「どう生きるのが良いのか」といった意味や目標を、わかりやすく提示してくれる本や人や職場には引力がある。

　しかし、そもそもそれは、誰かほかの人間に提示してもらう類のものなんだろうか。

　目的が最大利益の追求であれ、社会的公正の実現であれ、他の人がつくった問いを手にいそいそと取り組んでいる姿は、解き甲斐のある問題を前にして腕をまくっている生徒のようだ。現代国語のテストで見かける、「前後の文脈を理解して文中の空欄を埋めよ」というような問題に答えているより、出題に引用されるような文章を、自分の物語として丸ごと書き下ろしてゆく方が面白いんじゃないか。

そうでないと、生きていることが、どこか答え合わせのようになってしまう気がする。

## 他人の気づき

仕事が「選ぶ」ものでないとしたら、なんだろう？

前著のタイトルは『自分の仕事をつくる』だった。自分の仕事は自分でつくってしまおうというDIY（Do it yourself）的な響きがこのタイトルには含まれているけれど、DIYと言ってしまうと、自給自足とか、自力を促すニュアンスが強すぎる気もする。

奈良に「くるみの木」という雑貨とカフェのお店がある。国内の草分け的なカフェ・ギャラリーのひとつで、地元だけでな

く全国から日々たくさんのお客さんが足を運んでいる。

オーナーの石村由起子さんがこの店をひらいたのは、約25年前（1984年）。その始まりには、こんな数時間の出来事があったという。少し長くなるが紹介してみたい。


――「くるみの木」を始める前の私は、建設会社に勤めていました。主人も勤め人で、共稼ぎで。ある頃そろそろ子どもが欲しいと思って、会社を辞めたんです。

辞めてしばらくしたある日、奈良の街を車で走っていました。今の「くるみの木」の建物は、元々はゴルフの練習場のレストハウスで、私が通りがかった頃は、確か関西電力の作業小屋に使われていたようです。


建物の前の紫陽花《あじさい》がとてもキレイだったので、車を止めて、見せてもらっていました。そうしたら、その建物から事務の女性の方が出ていらした。

「きれいなので、見せていただいています」と話したら、「ど

photo: kurumino-ki

うぞどうぞ。切って、すこしお持ちになりますか?」と、はさみを持ってきてくださった。

その女性と何気なく交わしていた会話の中で、「この建物、可愛いですねえ」と言ったんです。

「えっ、こんな建物のどこが可愛いの?」

「私、むかし小学生の頃の日記に、大きくなったら、おじいさんもおばあさんも子どもたちも、みんなが喜ぶ店をひらきたいって書いていて。描き添えていた絵にこの建物がかさなって見えて……。あのへんに窓があって、煙突が出ていたら、ちょうどこんな感じなんです」

そんな話をしたら彼女が、「いいわね。あなた、それやりなさいよ!」と言い始めた。

「私たちもうすぐこの建物を出ていくの。今から大家さんのところへ行きましょう」って言うんです。

私は頭がぜんぜんついていけないっていうか、「えーっ!」という感じで、グルグル回っていて。でもグルグルグルグル

**石村由起子**
1952年香川県生まれ。奈良市でカフェと雑貨の店「くるみの木」を始める。その後、2店舗目のカフェ「くるみの木 フィールデイズ店」や、ゲストハウスとレストラン、ギャラリーを併設した「秋篠の森」をオープン。

したまま、その足で大家さんのところへ行ってしまったんですね。

大家さんのところに着いて、彼女は俄然乗り気で、「この人、こんなこと考えているの。すごくいいと思う。貸してあげてくださいよ」と熱心に話してくださった。でも大家さんは「いや、貸さない」と即答でした。「貸すとなかなか出ていってくれないから。あんた達が出て行くのを最後に、もう貸さないことにしたいと思っているんだ」と。

私の中には昔からどこかに、なにか反対されたり困難さに出会うと、パチンと入るスイッチがあるんですね。それまでは遠慮がちにしていたんですが、それが入ってしまって。「こんなお店をやりたいんです。あそこはイメージどおりなんです。ぜひ貸してください!」と、お店の説明を滔々とはじめてしまった。そうしたら、「わかった。そこまで言うなら貸しましょう」という返事が戻ってきて、逆に、うわー、どうしよう!!　という状況になってしまったんです。

とりあえず、「主人も交えて話す必要があるので、夜にまた参ります」と大家さんのところを出て、主人に電話しました。まだ勤務時間だし、動揺させてしまうし、怒られるに決まっている。なので、「会社が終わってから会って欲しい人がいるんです」と伝えました。


会社帰りの主人と会って、かくかくしかじかと話したら、案の定おこられました。そんなこと出来るわけないだろう。先立つものもないし。一体どうするんだ!という感じで。

出来るわけがない、というのは、私たちの親戚は公務員とか堅気の仕事の家ばかりで、商売をしている人が一人もいなかった。「商売」という言葉にはいいイメージがありません。倒産とか、夜逃げとか、借金とか、そういうイメージが先立ってしまう。

でも断るにしても、お会いしないわけにはいかないから……ということで、ともかく二人でもう一度、大家さんのところに向かったんですね。

そして、さっきの話はなかったことにしてくださいって言うはずだったのですが、気がついたら、今度は主人が大家さんを説得しにかかっていて。

「彼女がこんなにやりたがっているんです。どうか貸してあげてください」「私たちを見てください！　真面目な人間です」とか力説していて(笑)。結局貸していただけることになって、お店が始まったんです。——


このあと彼女は〈自分の仕事〉をつくってゆくことになる。いや、それは日記を書いた小学生の時から始まっていたともいえる。

そう考えると仕事は「つくる」ものとも言いがたくて、「心に浮かぶ」ものや「忘れられない」ものであったり、「出会う」もの、「次第に形になってゆく」ものとでも言う方がいいのかもしれない。あるいは「なる」ものか。

現在「くるみの木」は大変な人気店で、お昼時には開店を待つ人々の列ができている。数年前には少し離れた場所に雑木林を手に入れて、ギャラリーとレストランと宿が一緒になった空間もひらいた。

25年間をかけて徐々に形になってきた彼女の仕事は、大変な苦労と喜びの積み重ねで出来ているわけだが、それはまた別の話。この逸話に登場する、強く背中を押してくれた女性や、断るはずで説得を始めたご主人に戻ってみたい。

本人の潜在的な「なにか」をまわりの人間が感じ取って、動いてくれることが往々にしてある。

僕自身にも、そんなふうに他人に気づいてもらえたことで始まった偶然のような流れが多々ある。というより、重要なことの大半がそうかもしれない。自分ではハッキリしていなくても、わからなくても、他の人が感じたり、気づいて光をあててくれる〈自分〉があるということ。他人の夢を押しつけられるのは願い下げだが、そんな気づきはありがたい。

わたしたちは個人の意志で生きているように見えて、人にいかされたり互いにいかし合ったり、相互の働き合いを通じて生きている。

まだ表にあらわれていない力の存在や可能性を感じた時、人はそれを見逃さないし放っておかない。その様子はまるで自然現象のようだ。雷が、雲から地面にむけて落ちているわけではなくて、雲の中にたまったマイナスの電子と地中のプラスの電子が互いにひかれて生じる、双方向の通電現象であるように。

〈自分の仕事〉を、自分だけで見いだすべきだとは思わない。それよりも、互いに開かれた存在でありたいと思う。

## お客さんでいられないことを

「好きなことを仕事に」という言い回しをよく見かけるけど、この言葉はどの程度役に立つのだろう。

上昇気流の強い積乱雲などの雲の中では、正の電荷が上に、負の電荷が下の方に生じる。下方にたまった負の電荷と、静電誘導で集まった地上の正の電荷の間に生ずる放電現象が雷。

たとえばいくら映画が好きでも、それが本人の仕事たり得るとは限らない。好きであることと、それを仕事として担うことは、意識やあり方の位相が異なるはずだ。

この言葉には「好きなことがあるべきだ」というニュアンスも混ざっている感がある。軽い強迫感を前に「自分には〝好き〟といえるほどのことがない……」と、逆に弱まってしまう人もいるんじゃないか。好きなことがないと駄目なのか？

敬愛する働き手たちの顔を思い浮かべてみると、百姓の彼も、デザイナーのあの人も、会社を経営しているあの方も、料理人の彼女も、「好き」だけを足がかりにして仕事を担っているとは到底思えない。

嫌々やっていることは長続きしないと思うが、「好きなことを仕事にしていて素敵ですね」などと伝えた日にはポカンとするか一笑に付されるか、あるいは一喝されそうだ。

好きなことより、「大切にしたいことは？」という問いの方が、まだ有効なんじゃないかと思う。彼らにはそれぞれ間違いなく、なにか大切にしているものがある。

あるいは「自分がお客さんでいられないことは?」、という問いはどうだろう。

どんなに映画が好きでも、ただそれを見ていれば幸せで、足りる人はお客さんだと思う。別に客でいることが悪いわけじゃない。店で食事をして、「美味しかったー」とただ満足して家路につけるなら、そこに自分の仕事の影は見あたらないのだろう。他の人がどれほど素晴らしくやっていても、その成果の享受をただ楽しめること。他の誰がやっていても構わずにいられる仕事は、いわば他人事の仕事と言える。

でも「好き」だけではすまない。

今はお客さんの立場でも、ずっとそのままでいられるかというとそんなことはない。というか、そうありたくない。

気持ちがザワザワする。落ち着かない。見たくない。悔しい。時にはその場から走り出したくさえなるような、本人にもわけのわからない持て余す感覚を感じている人は、そのことについて、ただお客さんではいられない人なんじゃないかと思う。

何についてそのような感じが生じるかは、人それぞれだろう。ある人は駅で車掌さんの姿を見ている時、ある人はカフェを開いた若い子の姿を見て、ある人はマンガのページをめくりながら、収まりきらないなにかを感じていたりするんじゃないかと思う。フライパンの上で弾けるポップコーンのように、次第に居ても立ってもいられなくなるのなら、その辺りには明らかになにか熱源があるのだろう。


焦りや疼きや動揺が生じた時、目に映ったいったい「なに」に自分は反応しているのか。小さな変化の足元を掘り下げてゆくと、そこにそれぞれの仕事の鉱脈があるんじゃないかと思う。

悩みや葛藤は自分そのものだ。これまでの経験や環境など、自分のすべてがあることでそれが悩みになりえる。なにがどう悩ましいとか、なにがどう嬉しいかといったことは、本来的に自分だけのものだ。としたら、それは〈自分の仕事〉に通じる扉にもなる。

友人のアーティストが20代の頃、こんな話を聞かせてくれた。

——自分は高校で美術部に入って、本格的に絵を描くようになった。大学の頃からいろいろなことに手を出して、音楽もやったし、演劇もやった。今はイラストレーターとして食べていこうとしている。企業とグラフィック・ソフトの開発もしている。いろいろやっている。

けど、自分がいちばん「できてない！」と思えるのは、やっぱり絵なんだよね。だから僕は、絵を描いていくと思うんだ。——

この話を聴いた時は、目から鱗が落ちる思いがした。「できてない」ことが、可能性でもあるということ。

悩みは、「こうありたい自分」と「そうではない現実」のギャップから生まれる。意識化されていない場合も含み、「こうありたい」というイメージがなにかしらない限り、悩みは生じようがない。

わたしたちはつい思い通りにゆかない自分の現実や駄目っぷりにばかり注目して、情けなくなったり、滅入ったり、ヘコんだりするわけだが、まるで望ましくない自分のありさまにも価値はあって、それは自分の望みや求めの在処を示してくれることだと思う。

心の水面にさざ波が立つ時。それまで平坦だった気持ちに、プクッと微かな膨らみが生じる時。その下にはまだ現実化していないないなにかがある。

それはほかでもない、自分だけの資産だ。

〈自分の仕事〉は余所にあるわけでも、いつか天から啓示のように降ってくるわけでもなく、すでに今ここにある。「青い鳥」でメーテルリンクが描いたように。しかも時には、「まるで駄目」とか「イケてない」と感じてしまうような部分に。

なにが流行っているとか儲かるとか、このように生きるべきといった外側の指標でなく、自分の中の葛藤。「ザワザワする」ところ。「お客さんではすまない」部分。「好き」より、さらに前の感覚的なもの。

なにかに触れた瞬間に心の界面に生じる変化の質や、その源に意識を傾けることで、自分の中から生まれてくる「力」と一緒になれるんじゃないか。

ロサンジェルスの小さな宿で
パッツィーさんの話をきく【1996年・初夏】

## 「ある段階から、言い訳が効かなくなって」

十数年前、旅先のロサンジェルスで、ある宿に泊まった。

住宅地の一軒家を改装した小さなイン。アメリカの旅行雑誌の朝食ランキングで上位に入っていたのを友人が見つけ、連れて行ってくれた。


白いペンキで塗られた平屋建て。外観は普通の一軒家だが、近づくと、細かいところに手が入っているのがわかる。玄関につづく路地にはたくさんの花木が植えられていた。

オーナーのパッツィー・カーターさんが出迎えてくれる。

朝食は彼女がつくってくれた。庭を眺める食卓でいただいた卵料理やパンケーキは清らかで美味しかった。花柄のナプキンは趣味じゃなかったし部屋の調度品もけっして好みではなかったけど、なんでもいいわけではなく意識をもって選ばれている

**イン**
Inn。小さなホテルや旅館などの宿。

photo: Satoru Sugihara

感じがしたので、好き嫌いなど気にせず心地良く過ごすことができた。

当時、僕は働き方研究の取材を始めて間もない頃で、この宿泊と前後してベンチュラのパタゴニア社を訪ねている。働き方をめぐる関心はまんべんなく高く、パッツィーさんにも強く興味を持った。インタビューを申し込んだところ、朝食後の時間なら……と快く応えていただいた。

——あなたのように、個人的な規模のインを経営しながらリタイアメントした後の生活を送りたいと思っている人は、アメリカにはたくさんいますよね。

**パッツィー**　ええ、そうね。

——したいと思っている人は多くても、実際に「して」しまう人は少ない。その違いはなにから生まれてくるんだろう、ということに興味があります。

**パッツィー・カーター**
**Patsy Carter**
The Inn at 657オーナー。右の写真は、2009年初夏に撮影。
Photo: Satoru Sugihara

**パッツィー**　なんでしょうね……。いま私がしているこの仕事が何によって成立しているか。それには大きく分けて、三つのポイントがあると思います。

まず第一に、人を信頼できること。信頼すること。人に対する寛容さが、重要なポイントでしょうね。

第二に、夢中になること。自分の頭の中に生まれたアイデアや考えに完全に支配されて、それ以外のことは考えられなくなってしまうくらいでないとだめ。そういう状態の自分を許容できないと難しいでしょうね。

第三に、とにかく執拗であること。最後まで決してあきらめないことが、とても重要だと思います。

このインを始めるまでの経緯を話しましょうか。土地は10年前に購入したの。そしてLA（ロサンジェルス）の南の方から建物を三つに分けて運び、移築しました。

最初の5年間は、この建物を使ってアパート経営をしていたんです。すぐそばに大学もあるし美術館もあるし、まあ悪くない場所だと考えたのね。そして4年前からインに切り替えて、今は二人のメイドを雇いながら働いています。

そもそも、なんでここを始めたかと言うと、やっぱり私は人をもてなすのが大好きなのね（この日の夜も小人数のパーティーを開いていた）。インを運営する上で何よりも心掛けているのは、くつろげる雰囲気を作りだすこと。みんながすごくリラックスできる、プライベートクラブのようにしていきたい。

私の母はガーデナー（造園家・園芸家）で、私自身もそうです。それに料理を作るのが大好きで、テーブルセッティングも好きで、お鍋とかテーブルクロスとか、いいものがいつの間にかすごくいっぱいたまっていたんです。家具や絵を選ぶのも大好きで、このインの家具も全部自分で選んでいるの。

——へーっ（以前インテリアデザインに携わっていた者として感心している）。

**パッツィー**　でもね、最初からインの経営をしたいと思ってやってきたわけでもないのよ。

要するにある段階から「言い訳」が効かなくなってしまったのね。インテリアや料理や、テーブル回りにお金を使うことだとか、それに凝りすぎること、時間をかけすぎることなどについてね。気が付いたら、何か理由がないと言い訳ができないレベルに足を踏み入れてしまっていた。

でも、インを経営していればテーブルクロスが何枚あったって誰も説明を求めないわよね。実際インの経営に関する本だとか、そういうのは一冊も読んでいないし。

――えっ。

**パッツィー**　そうなのよ。その時その時に自分が正しいと思ってやってきたことが、何かこういう結果につながっているとしか言えない。つまり目標よりプロセス（過程）を重要視して、

歩きながら行く先を決めて行くようなスタイルね。
こういうのはむしろ東洋的な考え方かも。少なくともアメリカ的なやり方ではないと思う。でもね、だいたい何か決めてから始めたところで、思ったようになんてならない。いろいろ予想外のことが起こってしまうものなのよ。それを自分でコントロールできるわけではないし。
インを始めたばかりの頃、顧客を得るまでにはそれなりに苦労もあって、何度も「もう駄目だ」って思ったわ。

——いろんな問題がありましたか?

**パッツィー**　それはもう大変なものがあったわよね。地震もあったし暴動もあったし。この辺りの隣人達も最初はあまり良くなかったんだけど、自分がオーガナイズしていって、互いの関係も街区の雰囲気もすごく良くなった。LAPD(ロス市警)の特別パトロールを受ける地区にまでなったのよ。
何か始めようとする時、どうせああだろうとか、でもこうだ

photo: Satoru Sugihara

ろうとか、結果のバリエーションばかり思い描いていたら何も始められないわよね。

——始める前にたくさんの情報に触れて、逆に主体性が失われてしまうといったことは、自分をかえりみても感じます。選択可能な将来のアイデアばかり増えて結局は何も選べないとか。あるいは見事にやっている人の姿を見て、「(自分には)ああはできない」と圧倒されてしまったり。

**パッツィー**　迷いを増やすために情報があるとでもいうような状況は、アメリカも変わらないと思います。

この辺りの地域について言うと、私が土地を買って越してきたばかりの頃は、さっきも言ったとおり、あまりいいコミュニティではなかったんです。

でも、私はインの前の道の掃除から始めました。最初始めた時は一体それが何になるのか、果たしてやる意味があるのか。

photo: Satoru Sugihara

道なんて箒で掃いてもすぐにまた汚れるし、そんな姿を見て近所の人達がどう思うだろう……とかいろいろ考えてしまった。
でもそういうことを考え出したら、何も始められないじゃない。つづけてみた結果、今ではコミュニティも変わったし、私は地域の代表としてＬＡＰＤに講演者として招待されるようにもなった。

――これからのイメージがあったら聞かせてください。

**パッツィー**　実は、隣の家と土地を借りたいと思っているの。いまのキッチンは手狭でね、特に食材用のストッカーが不足しているんです（泊まった客室の冷蔵庫にアスパラガスがギッシリ詰まっていた）。
それにパーティー用のスペースも、もう少し広く取りたい。できれば18人くらいのパーティーを開ける広さがほしいの。少し大きくなっても、サービス精神は変えないから安心してね。泊まれる部屋は増やしたくない。パーティー用のスペースだけ増やしたいの。
で、その隣の家なんだけど、年内にはなんとかしたいと思っています。ただし私には、そのために必要なお金もないし、隣の家にしたところで売りに出しているわけでもないの。でも私はあそこに移るつもりだし、きっと移るのよ（笑）。

## 力が出ることをやる

以前パタゴニア社のスタッフと話していたとき、彼らの社員の子どもたちの話になった。

米国・西海岸にあるパタゴニアの本社には、スタッフの生後10週目から10歳までの子どもを預かる保育・教育施設がある。そこにいる子どもたちの特徴として、泣く子が少ない気がするな……という話を、あるスタッフが語り始めた。

パタゴニアで働く人々には、野外活動やエクスペディション（冒険旅行）が好きな人が多い。仕事とそれらを両立させるワー

**後日談**
今回撮影に出向いてくれたロス在住の友人がパッツィーさんにたずねたところ、「隣の家」はインタビューから3年後の1999年に入手。現在は両方の建物を使って、インを経営しているという。

クオプションを会社が用意していることもあって、家族で長期休暇を楽しむスタッフは多く、子どもたちも、小さな頃から一緒にワイルドな旅に出かけている。

そんな彼らは、自然の中では自分の思い通りにならない局面がしばしばおとずれるが、泣いたところでどうにもならないことを身に染みて知っているのだろう。だから普段の生活の中でもあまり泣かないんじゃないか。障害や問題に直面すると、「ではどうする?」と次の行動に移る思考習慣が身についているのかもしれない。というのが彼の見解だった。

もしそのとおりだとしたら、この子どもたちは事実を事実として、現実を現実として、ありのままに受け容れる能力を自然から学んでいることになる。

先のパッツィーさんの話から僕が受け取ったメッセージは、「はじめればはじまる」ということ。逆にいうと「はじめないかぎり、何もはじまらない」というものだった。

同じように、考えてもわからないことは、いくら考えたとこ

ベンチュラにあるパタゴニア本社に隣接した託児・教育部門「Great Pacific Child Development Center」付近で（1996年）

ろでわからない。さらに言えば、考えて・わかったところで、力が出ないことははじめられないし、つづかないんじゃないかということを思う。

僕には20代後半の頃、自分はなにをしたいのか、なにになりたいのかといったことを、延々と紙に書き出して考えていた時期があった。能力を客観的に書いてみたり、過去の仕事で自分が嬉しかった時のことを洗い出してみたり。

それをつづけるうちに、自分の仕事について無数のアイデアが出てきた。

でも、どれもはじめなかった。

どのアイデアも「良い」と思える。「いけそうだね」と思う。しかし気持ちはどこか冷めていて、決定打というか衝動に欠ける。思わず腰が上がったり、手が出てそれを掴むような動きは生まれてこなくて、無数の選択肢を前にさらに惨めな気持ちになってしまった時期があった。

もしいま当時の自分に会ったら、どう関わるだろう?

ただ黙って話を聴くと思う。あの頃の自分は「なにがわからないのかわからない」ようなしょうもなさの中で悶々としていたものだけれど、たとえ求められてもアドバイスのようなことはあまりしないだろう。考えについては話半分で聞いて、「堪《たま》らなくどうである」とか「わけもなくこうである」といった感覚的な言葉が顔を覗かせたら、さらに耳を傾けると思う。

それはこれまでの経験として、他人からもらったアドバイスより、口に出してみた気持ちや自分が語った言葉の余韻が、再び自分に揺さぶりをかけて、それが次の場所へ向かう足掛かりになってきた感覚があるからだ。

余韻として心に響くような言葉を発するには、相手や機会が要る。他者がいるというのは、本当にかけがえのないことだと思う。そして、自分の真実に近づいた言葉を語った人は、心の中のそれまで居た場所にはもう居られなくなる。知ることは、変わらずにはいられない体験なので。

アドバイスは本当に一切しないだろうか？「力が出ることをやりなよ」、ぐらいは口にするかもしれない。力を出し切ることが、潜在的な可能性をひらいてゆく唯一の方法だと思うから。

わたしたちは最初から言葉を話せたわけじゃないし、歩けたわけでもない。普段何気なくやっていることやできていることはすべて体当たりで力を出して、失敗して、微修正して、また失敗して……という小さなトライ&エラーのくり返しを通じて獲得してきた能力だ。

やってみて、そこから何か手がかりを得て、またやってみるというスパイラルをまわすことの他に、人間、あるいは生命がその力を展開させてゆく道筋はないと思う。

もし、誰がやっても同じような仕事ではなく自分がやるから意味があるような働きを成したくて、既にある仕事の中にはそれが見あたらず自分で始めるとしたら、あたり前の話だけど最初からうまくいく方が珍しい。

まわりは「そんなことで大丈夫？」とか「ちゃんと食っていけるの？」といった声をかけるだろう。実際あまり食べられなかったりもすると思う。

でも、どの時代にもそれまでになかったことや、まだ教科書が編まれていないこと、誰も教えてくれないようなことを手探りではじめた人たちはいて、彼らはどうそれをやったかというと、ただ無我夢中でやったのだと思う。

このことを考えていると、漫画家のいがらしみきおが、社是として事務所に掲げていたという言葉を思い出す。

一、なんでもやる
一、とにかくやる
一、ほっといてくれ（笑）

なにをやりたいのかわからない、といったわからなさを抱えている人がいるんじゃないかと思う。僕自身、今も抱えること

**いがらしみきお**
1955年、宮城県生まれ。漫画家。『ネ暗トピア』『さばおり劇場』『ぼのぼの』などの作品で知られる。上記の社是は、人間の新しいOSづくりを考察した著書『IMONを創る』（1992年、アスキー）で紹介されている。

はある。

ただ、いくら考えてもわからないことがある一方、「わかる」ことについては、考えるまでもなく瞬時にわかる。判断のもとになる経験や実感が足りていることについては。


だからまずは自分を丸ごと投入して、働いて、やってみて、その中で感じたり考えてゆけばいいはずだ。上手くできなくていいし、さまになっていなくていいから、今できること、力が出ることをどんどんやってゆけばいいのだと思う。

石村さんは、ある日突然生まれた流れに乗った。ロスのパッツィーさんも、わけがわからないままテーブルクロスや食器を集め、表通りの掃除を始めた。

そして、あがいたりもがいたりしているうちに、気がついたらなにかができていたり、少しはさまになっていたり、次の局面を迎えていたりするんじゃないかと思う。


どんな成果も「結果」であって、頭が可能にすることもあるけれど、時間が可能にしてくれることもある。必要な時間を経ないことには姿を現さないものごとがある。

自分の現状に満足できなくても、今できることを、できる限りやってゆけばいい。ただし力の出し惜しみはしないこと。

20代後半の自分と過ごす機会があったら、僕はそんな心持ちで、彼の話を聴くと思う。

蕎麦屋・黒森庵に加藤晴之さんを訪ねる【2008年・冬】

# 「発揮しなかったら申し訳がないし、まわりの人たちも、つまらないだろうし」

東京・杉並区の住宅街に黒森庵という蕎麦屋がある。家族で切り盛りしている14席ほどの小さな店だ。店主の加藤晴之さんが蕎麦を打ち、三人の娘さんが厨房を手伝い花番をつとめる。いそがしい日には、奥さんも店に出て手伝っている。

加藤さんは以前デザイナーだった。美大卒業後、1977年にイタリアへ渡り、著名なデザイナー・ジウジアーロのもとでカーデザインに取り組む。ご子息の誕生をきっかけに帰国して、1981年にソニーへ入社。テレビモニター「プロフィール・プロ」を手がけた。

同機は2000年まで生産がつづき、きわめて寿命の長い商品となった。四角いフレームにブラウン管を納めたストイックなデザインに、見憶えのある人もいると思う。

**ジョルジェット・ジウジアーロ**
**Giorgetto Giugiaro**
1938年生まれ。イタリアの工業デザイナー。日本人の企業家・宮川秀之等とイタルデザインを創設。車のデザインを中心に、時計、カメラなどさまざまなプロダクトを手がける。フィアット社のウーノやパンダも彼のデザイン。

しかし加藤さんは、その設計を経てソニーを退社。八ヶ岳で自然農を始める。そして、たまたま畑に蒔いた蕎麦種をきっかけに、近くにあった蕎麦の名店「翁」の主人から蕎麦打ちの手ほどきを受けるようになった。

約半年で修業期間を終えた加藤さんは、東京に戻り、出張専門の蕎麦打ち職人として活動をはじめる。一人あたり1万5千円ほどの値段でさまざまな人の家や邸宅、パーティーなどに呼ばれ、蕎麦を打っていたらしい。

出張蕎麦打ちの仕事は約6年で一区切りをむかえる。この頃、原因不明の深刻な体調不良に陥り、それが蕎麦の仕事を休むきっかけにもなったようだ。が、この病気については現代医学に頼らずに完治。

次はスピーカーの研究開発に没頭。ジブリの森美術館・映像シアターの音響を手がける。宮崎駿さんを通じて出会った糸井重里さんが彼のスピーカーに感銘をうけて、カタログハウスの社長に話を持ちかけて、加藤さんの設計による紙筒スピーカー

**加藤晴之**
1953年東京生まれ。武蔵野美術大学産業デザイン科卒業。複数の仕事を経て、2006年12月より東京・永福町に黒森庵をオープン。家族とともに働く。蕎麦の仕事をする際の名前は加藤良卓。

の製造が決定。ヒット商品となった。
その次は自転車を設計。彼の企画とデザインによるモデルが、ミヤタ自転車から発売されている。

加藤さんの噂は随分昔から耳にしていた。「あのプロフィール・プロをつくったデザイナーは、ソニーを辞めて、八ヶ岳で蕎麦を打っているらしい」と。しかし、その後の足跡は知らずにいた。

その加藤さん一家が、自宅から歩いて3分も離れていないところに引っ越してきて、蕎麦屋さんを開いていると知ったのは2年ほど前のことだ。

お店に行ってみると、黄色いタイトなサイクリング・ウェアに身を固めた男性が厨房に立っていた。「いらっしゃいませ」と、こちらに向けてくる目が輝いている。目は口ほどにものを言うって、本当にそうだと思う。

彼のお蕎麦は、美味しいだけでなく、口にするとなぜかワクワクしてくるのが不思議だった。蕎麦を食べて楽しくなったの

**プロフィール・プロ**
ソニーのトリニトロンカラーモニター「プロフィール」シリーズのモデルチェンジ版。チューナーやスピーカーを内蔵しない、シンプルな四角いフレーム形状が特徴。基本設計は1986年の初号機のまま93年までマイナーチェンジを重ねる。家電製品には珍しい長寿命商品となった。（写真：ソニー提供）

は生まれて初めてのことで、これは一体なんだろう？　と考えながらしばしば通うようになり、ある日この人の話を聴かせてほしいと思い、インタビューを申し込んだ。

黒森庵は午後3時に営業を終える。ひと仕事を終えた彼は、暖簾を下ろした店内で、リラックスした様子で話してくれた。

――加藤さんは何度も仕事を替えていますけど、なにがきっかけなんですか？

**加藤**　最初はイタリアで自動車の設計から始めて。でも車に乗っているのはおかしいいんじゃないか、と思い始めている自分がいたんです。

自動車はつくる時も乗っている時も、廃車になっても、ぜんぶ環境に悪い影響を与える。それが日本の屋台骨で、世界の経済も引っ張っている。オイルショックで右往左往する産業であることもわかっていたし。「こういうことをしていていいんだろうか？」と、働きながら自問自答していました。

――イタリア人のスタッフとも、そんな話を?

**加藤**　その頃はまだ一人で考えていて。でもソニーに移ってからはガンガン言ってましたね。「落としても壊れないウォークマンをつくろう」とか、「テレビの筐体を段ボールでつくれないかな?」とか(笑)。で、まわりからは「そういう方がお金がかかるんだよ」と言われる。

――組織の中で異質な存在だと、疲れませんか?

**加藤**　んー。そこら辺が僕の変なところなんでしょうね。「間違っていないんだ、俺は」という、どこかブレないものがあるんです。なぜかは……わかりませんけど。

仕事を替える時のきっかけは、好き・嫌いに近いと思います。感覚的な要素が大きい。「こういうことをしていたら気が狂う」

とか「やってらんない！」という状況に追い込まれて飽和するのが、人より早いんだと思います。

でも、すぐに辞めるわけじゃない。たとえば壊れないウォークマンのアイデアを伝えて、「なに言ってんの」と戻される。カチンと来ますけど、「えっ?」とも思うわけです。そして「自分はなぜそれをつくろうと思ったんだろう?」「やりたいことは一体なんだろう?」といったことを掘り下げてゆく。

すると、「使い捨てのデザインでないものをつくろう」という考えが出てくる。精魂を込めることで、何年かはモデルチェンジしないで済むようなデザインをしてみようと。それがプロフィール・プロになったわけです。

——あのデザインは、実際長く使われましたね。

**加藤**　そうですね。有り難かった。モノだけでなくデザイナーの仕事も使い捨てにしないし、金型も替えずに済む。商品をロングライフ化させる。そういうことはしました。

CL
3.8

でも僕としては、本当にボロ雑巾になるほど頑張った仕事で、燃焼しきっちゃった。企画がハッキリ立つまではもう毎日何カ月も胃が痛いし、眠れない日がつづいて。

当時の様子が、加藤さんの本『蕎麦打ち』に描かれている（適宜省略して引用）。

――コンセプトはいくつ考えただろう。スケッチは何枚描いただろう。私の頭の中は、どこを切ってもプロフィールだった。会社ではもちろんのこと、電車の中でも考えつづけ、電気店に立ち寄り、他社のTV・モニターを研究したり……お客と店員の話はそばで耳をダンボにして聞いていた。

すでに思考は飽和し、コンセプトはぐるぐると堂々巡りをくり返すだけだった。

夜中、全員が帰宅してしまった後のデザイン・センターで、一人で座禅をしてみたり、逆立ちをして「逆転の発想」を試みたり、非常識なことをすれば何か生まれるかと、夜中、素

『蕎麦打』（1990年、筑摩書房）

裸で社内を駆け回ってみたりもした。——

人一倍、物事に集中できる人なのだと思うが、当時は本当に、いのちを磨り減らすような感覚で働いていたようだ。

——掘り下げるものがなくなった時が、次の仕事に移る時なんですか？

**加藤**　ひとつの仕事を極めて、これ以上やることがなくなって仕事を替えてきたわけではありません。掘り下げることがなくなるなんて、たぶんないと思う。大事なのは、むしろどこで線引きできるかだと思います。

たとえばカタログハウスとつくった紙筒スピーカーも、もっと追い込んでゆけば、もっともっといいものができる。しかしその時は、スピーカー・ユニットの設計からやらなければいけない。金型を起こす必要がありますから、つくるとなれば数十万個は売らなければなりません。

**紙筒スピーカー**
「ほぼ日刊イトイ新聞」で糸井重里氏に「いい音は空気を洗う」と絶賛された、加藤さんの設計によるアンプ付きスピーカー。ユニットは仏・オーダックス社製。左写真の蕎麦打ちの作業場に、自らの工作による改良版が吊されているのが見える。

そうまでしてつくることに、どれだけの意味があるだろう。いったい自分がやりたいことはなんだろう、となる。

たとえば僕が凄まじい蕎麦を打ったら、８００円では出せないでしょうね。数千円、下手をすれば１万円を超えるかもしれない。それは僕の中では非現実的な線引きになる。妥協のない最高のものがつくりたくて、でも次に、買う人がどこで喜ぶかなというのがくる。自分が行動することで自分が喜びたいと同時に、人が喜んでくれなかったら意味がない。

黒森庵を始めた理由のひとつは、出張蕎麦打ちの仕事をやっていろんな場に招いていただいて、これからも蕎麦をやるなら、お金持ちや一部の人たちだけの世界というより、もっと普遍的で、誰でも入ってこられるような、平べったいスタンスでやりたいと思ったからです。

4.1
3.8
3.6
3.4
3.2
3.0
PRODOTTI
Campagnolo
SPECIALI

お会いする前、僕の中には加藤さんについて「道を究める達人」というイメージがあった。勝手な想像の中の彼は、求道的で、自分の関心事に一途で、他人にも自分にも厳しい人物だった。そうでなかったらこれだけの探求や働きは成し得ないはずだ、と思っていた。

が、実際に会って話していると、加藤さんは彼の興味に焦点を合わせているというより、「この人となにができるかな？」というところ、インタビューに訪れた僕に対しても、この人と自分の関係はどう育ってゆくんだろう、というところに焦点を合わせてきている感じが強くあった。

「僕はたぶん人と関わることが好きなんです」とも語っていたが、おそらく本当にそうなのだろう。店でお蕎麦を食べていると、お皿を通じて、目を輝かせた彼から「どう？」と語りかけられているような感じがある。道を究める職人気質の元デザイナー、という先入観はすぐに修正された。

加藤さんは極めるにしても、その結果として勝つとか強くなるということより、より面白くなること、よりみんなと交換できるとか、一緒に楽しめることを志向している。

店にゆくと、彼のことを大好きで慕っているお客さんがたくさん集まっているのがわかる。あの魅力はなんだろう？　力の出し惜しみがないこと。そしてオープンであること。


――加藤さんは多分どこにいても、たとえば蕎麦打ちの仕事で日本のどんな上流社会の人たちの前に立っていても、いまここにいる感じと変わらない気がします。


**加藤**　そうですね。誰の前でも僕は変わらないです。

僕の中で「生きる」ということは「自分を表現する」ことです。どれだけ自分を正直に表現できているかということが、人と向かい合った時にまず大事なことなんです。

今こうして西村さんと向かい合っていますが、もし僕がここで嘘八百を言っていたら、成り立ちませんよね。

――なにが？

**加藤**　本当の自分を出し切ること、自分を発揮することがです。お互いが裸になればなるほど、力を発揮できるんじゃないかと僕は思うんです。ただでさえ分かり合えない人間同士が、嘘とまで言わないにしても不確実な会話を交わし合っていたら、本当にそれは僕にとってカリカリする（机を掻く仕草）出来事であって。「時間ないよー！」と（笑）。

家族との関係でもそれは同じです。家族だから信じ合えるっていうのは、そうじゃないと思う。血が繋がっていようがいまいが、尊敬がないと。

人と関わる時に僕がどんな気持ちでいるかというと、相手を尊敬しているんです。それがなかったら相手の言葉は僕の耳に入ってきませんから。常に尊敬する。それと自分が表現したいこと、生きたいということの接点を、毎瞬毎瞬こう探している感じです。

――尊敬して、発揮して……。その誠実さはどこから来ているんだろう。

**加藤**　一つだけ言えるのは、親がいてくれたおかげで今僕がここに在るという。これは本当に有り難いことだと、いつも感謝しているんです。

そして生まれ育った僕は、恩返しということでもないけど、自分がここで生きることを発揮しなかったら、自分を発揮しなかったら申し訳がない。産んで、育ててくれて、自分がこう性能を出し切らないまま死んじゃったら自分自身つまらないし、まわりの人たちもきっとつまらないだろうし。

心は人生の羅針盤だと思うんです。自分の胸を覗き込んで、「いま何を考えているんだ?」と問えば、誰だって「もっと話したい」とか「もう飽きてきた」とか(笑)。本心というのは、それぐらいハッキリしているものだと思う。

食べたくないものが出てきてもちゃんと食べるのが大人だという考え方は、僕の中にはないわけです。今ここで食べたいものを食べればいい。人の心は、そう動くようにできている気がするんです。だって赤ちゃんは人目なんて気にしないし、嫌なことがあれば必ず泣く。遠慮して泣かない赤ちゃんはいない。それがだんだん遠慮もあり、世間体を気にしてゆくようになる。ほとんどの人がそれが大人なんだと教えられて、人格を形成してゆく。「我慢強くあれ」とか言われて。

僕だって全く我慢をしない人間じゃない（笑）。でもね、我慢することで何かを見つけるのではなくて、本当にやりたいことをやって。

必ず壁は出てくるだろうし、我慢が要ることも出てくるだろう。でも本当にやりたいことがあるなら、我慢を我慢とも言わないで、ワクワクしながら乗り越えてしまうんじゃないか（笑）。そういう気持ちが僕は強いんです。

職業というのは、自分を表現したいものがたまたま仕事になるということなんじゃないかな。人はみんな個性そのものですから、何をやってもいいと思うんですよ。なぜみんな同じことをしなきゃいけないのか、と思います。

うちの子どもは5人兄弟で、今一緒に店に出ている上の3人の娘たちは、高校には行かないと自分で決めた。

その彼女たちも、実は悩んでいるわけです。何をやればいいのかわからない。親父がこんなふうに生きていて、こんな間近にいても、やはり子どもたちは子どもたちで、わからなさを持って生きている。そんな彼女たちに僕がひとつだけ言えるのは、やりたいことが見つからないとか、何をやってもうまくいかないとか、面白くないということがあっても、どの瞬間でも、その中で一番やりたいことは多分ある。

「いまどうしたいか」、ということ。それをやってゆくと何か見つかってくるんじゃないかって。

僕はそうやってきたと思うんです。いつだって自分の思うようにはなっていない。でもその瞬間瞬間、いちばん自分ができること・やれることをやってゆくと、次のドアが待っていたり、開いたりしてきた。

それが、自分の心を覗いてゆくひとつの道具というか、方法じゃないかと思う。「いま、この」っていう時に、いちばんやりたいことを選択すると、次の瞬間にまた次の時点でやりたいことが出てくるわけだから。

そうやってこう石を渡っていけば、だんだん自分が見えてくるんじゃないかという気はしているんです。

## 信頼の味わい

加藤さんが語ってくれたことは、「自分の人生は自分でコントロールできる」とか「誰でもなりたいものになれる」といった類の考え方とは違う。

将来的にどこへ行くか、なにになるかはわからなくても、今この瞬間瞬間の本心に従ってゆけば、おのずと行くべきところに向かうだろうという、成り行きや流れに対する信頼が基本を

成している。

行き先が見えていれば進めばいいし、わからなくなった時は本心に尋ねながら歩みを進めれば、その人の本来的な力が次第に発揮されてゆくと信じている。彼の場合その信じ方が徹底していて、かつ観念的でもなく、具体的な態度としてあらわされていることを取材中しばしば感じた。


それは子どもたちへの関わり方において、さらに如実にあらわれている。加藤さんの家では、彼ら親からの規範の押しつけを全くと言っていいほど行っていないようだ。たとえばこんな話を聞かせてくれた。

彼と奥さんは、ある時期かなり徹底した玄米菜食を行っていたらしい。しかし、その頃生まれた娘さんは野菜が嫌いで、肉とご飯しか食べなかった。野菜を美味しいと言うようになったのはつい最近（おそらく20歳前後）のことで、いまはサラダが大好きだという。野菜に限らず牛乳とか、好き嫌いは他にもたくさんあった。が、そのままにして食べさせないでいると、自分の方から食べ始めるんですと彼は可笑しそうに話す。

食べ物は一例に過ぎない。トイレも躾けないし、無理に服を着せたりもしないので、兄弟のどの子も、小さな頃はたいてい裸で過ごしていたそうだ。配達に来る宅配便の人をいつも驚かせていたという。


話を聞きながら、僕は別の知人の話を思い出していた。

ご年配の方で、3回離婚して4回結婚しているその人は、どの妻にも、「子どもが自分で『いらない』というまで母乳をあげてくれ」と頼んだと話していた。そしてある子は、10歳になるまで母乳を飲んでいたらしい。

求めに応じて出る母乳も凄いが、飲みつづける子どもも凄い。しかしある日突然「いらない」といった子どもに、母親が「なぜ?」と尋ねてみたところ、「まずい」という答えが返ってきたという。


これらの話に通じているのは、「子どもの満足は子ども自身が知っている」という考え方だろうか。

そんな育て方をすると我が儘な子どもが育ってしまう、と慌てる人がいるかもしれない。どうだろう？

我が儘という言葉を平仮名にすると「われがまま」となる。周囲をまったく顧ずに我を押し通すことを賛美したい気持ちはないが、他者との関わりの中にあっても我を忘れずに生きてゆきたいとは思う。他者への敬意があり、同時に自分を失わずに生きている人には、一言でいえば健やかさがある。


もうひとつ、どちらの話にも親の側に徹底して「待つ」姿勢が見受けられるところに、僕は感じるものがある。待つことを可能にするのは、おそらく信頼だから。

教育の現場でも医療の現場でも、あるいは恋人同士の関係においても、あらゆる対人姿勢は「待つ／待たない（待てない）」という両端を持つ軸線上に散らばっている。

そして待つことは信頼に、待たないことは怖れに由る。人間はこの二つの感覚の間で揺れている。

ある作家が、昔エッセイでこんな考えを述べていた。

人間は人からされたことを、同じく人にして還す生き物であり、親から受けた扱いを自分の子どもにも与える。

もし親が、生まれてきた子どもを「足りない存在」と見なして、この子には健康が足りない、教育が足りない、友達が足りない……と思いそのように接してゆけば、子どもは自分を「不足している存在」「なにかを加えなければならない存在」として認識し、形成してゆく。

そしてその子は親になって、自分の子どもにも同じように接してゆくだろう、と。


たとえば親から暴力をうけて育った子どもが、自分の子どもにも同じように暴力をふるうのかどうか、僕にはわからない。

事実としてそうした傾向があり、そのようになる心理過程が理論化されていても。人間は常に例外を含む存在だから。受けた扱いに囚われず、自分なりに生きてゆく人も多々いるように

ちなみにこの作家は伊丹十三。

思うので、この指摘がすべてではないと思う。

しかし、親の信頼を感じながら育つことが子どもにある安定感を与えうるのは、おそらく間違いのないことだろう。

信用と信頼は違う。前者は頭がするもの、後者は心がするものだ。少なくとも信頼は、約束や常識によるものではない。その象徴的な姿勢である「待つ」という態度は、むろん無関心によるものとも違う。


先のような子どもへの関わり方は、いわば加藤さんの生命観のあらわれでもあるのだろう。生命は、つまり人は、それが求めるところへ、自分なりのペースと道筋で、自分の力で動いてゆくという了解。

加藤さんのまわりにいる人たちは、彼からそのように見られ、扱われる。家族だけでなく黒森庵に足を運ぶ人たちも。蕎麦を食べて楽しくなってくる理由のひとつは、おそらくここにあるんじゃないかと思う。

## 人づきあい・自分づきあい

コミュニケーションという言葉は一般的に、異なる人間同士の間で交わされるやり取りを指す。〈自分〉と〈他者〉。

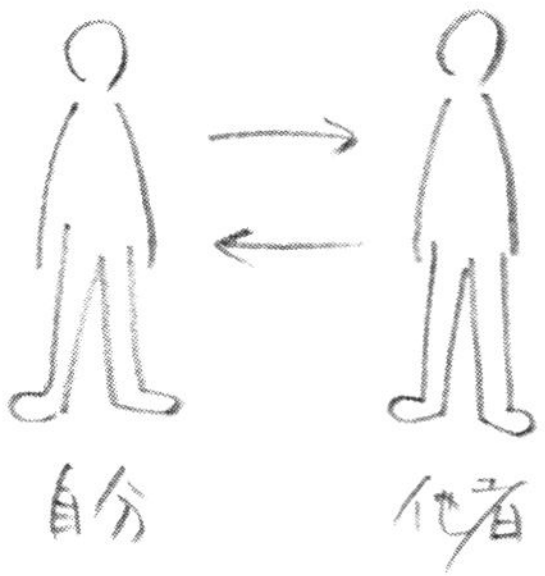

しかしそれと同時に、〈自分〉と〈自分自身〉のコミュニケーションがあるんじゃないか。

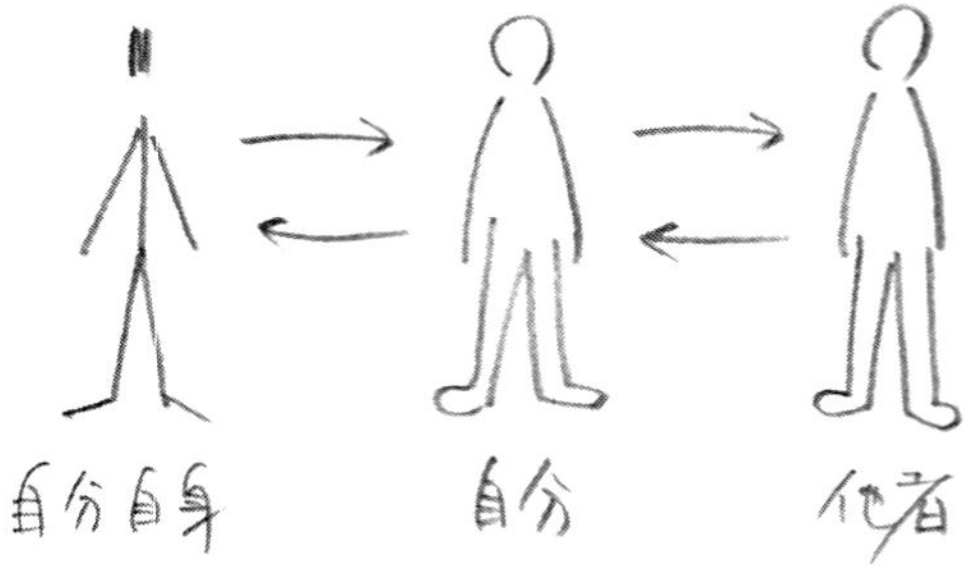

たとえば、しばしば語られる「自分を大切に」といった言葉の「自分」は、どこまでのことを含むのか?　またその「自分」を、どこまで大切に扱っていいのだろう?

自分対他者という図式の中では、その片方を大切にすると、残りのもう片方を大切にしきれないという状況も生じかねない。他人の都合に合わせて自分が疲れてしまったり、自分の気持ちを大事にするあまり他人を疎かにしてしまったり。

その自分を、〈自分〉と〈自分自身〉に分けて考えると、このジレンマは解消される。〈自分自身〉も〈他者〉もどちらも大切で、〈自分〉はその間で双方の調和や調停をとるのが仕事である、という図式になる。

アップルコンピュータのCEO、スティーブ・ジョブズは、2005年、スタンフォード大学の卒業式にゲストスピーカーとして招かれた際、次のようなことを語っている。

――私は17歳の時、こんなような言葉をどこかで読みました。確かこうです。「来る日も来る日も、これが人生最後の日と思って生きるとしよう。そうすればいずれ必ず、間違いなくその通りになる日がくるだろう」。

それは私にとって、強烈な印象を与える言葉でした。そしてそれから現在に至るまで33年間、私は毎朝鏡を見て自分にこう問い掛けるのを日課としてきました。「もし今日が自分の人生最後の日だとしたら、今日やる予定のことを私は本当にやりたいだろうか？」

それに対する答えが〝NO〟の日が幾日も続くと、そろそろ何かを変える必要があるなと、そう悟るわけです。――

（市村佐登美訳／HPより引用）

朝の鏡の前で、ジョブズは〈自分自身〉に耳を傾けている。ある人は同じことを瞑想を通じて行う。入院中のベッドや、通勤の車中で行う人もいれば、山の尾根に張ったテントの中で自分の声に耳を傾けている人もいるだろう。

2005年6月12日に行われたこのスピーチの映像は、YouTubeやGoogleビデオに日本語字幕付きで公開されている。

画家が筆をとめて、描いていた絵を少し離れて見ている時。料理人が出汁を口に含んで味をみている瞬間。会話の中でピッタリくる言葉を探して、話すのを止めている時。わたしたちは自分の奥の誰かに、「これでいい?」とか「どう?」という問い合わせを行っている。今、自分自身が感じていること、つまり自分の実感を確かめている。

「センスがいい」というのは文字通り感受性が良好であるということだが、その力がまず最初に向けられる先は、外部ではなく、なにより自分の内面だ。

ところで、先の図の〈自分〉と〈自分自身〉の関係は、逆側の〈他者〉との人間関係にも、そのまま反映するように思う。たとえば自分に無理を強いている人は、他人にも同じく無理を強いる傾向がある気がするし、他人の話を聴けない人には、日頃から自分の声にも耳を傾けていないんじゃないかという印象を覚えることが多い。

自己肯定感を十分に育めずにいる人は、本人に対して本人がそうであるように他人にも肯定感を抱きにくく、評価的な態度をとりやすい。つい粗探しをしたり、疑いを持ったり。

逆にどんな相手ともごく自然に話ができて、等身大の自分を素直に表現できる人には、〈他者〉との関わりの健やかさの前に、その人〈自身〉との関わり合いの健やかさがある。同じ柔らかさで、他人にも自分にも接しているのだと思う。

つまり「人づきあい」と同じく、「自分づきあい」とでもいうべき、ふたりの自分の間の人間関係があるんじゃないか。

## 感じていることを感じる力

右側の他者を〈社会〉に置き換えると、たとえばこんな図になる（左頁）。

社会にはさまざまな矢印が錯綜している。いろいろな流行。新商品の情報。国の方針。勤めている会社や上司が投げかけてくる期待や、業務上の目標。環境問題など、その時々の社会倫

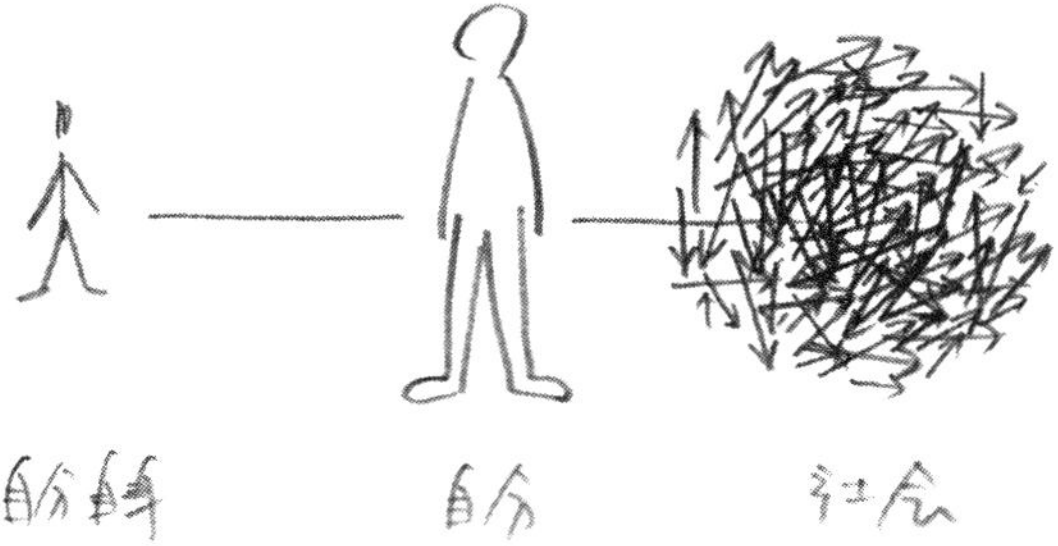
自分自身
自分
社会

理。あっちだ、こっちだと指し示している。

間に立っている〈自分〉には、〈自分自身〉と〈社会〉の、両方への対応が求められる。

情報処理能力の高い人は〈社会〉の各種矢印にも率先して対応してゆく。働き者として。あるいはトレンドの実践者として。ただし過剰に適合しすぎて立ち位置が〈社会〉の方に偏ってしまうと〈自分自身〉との距離は遠くなり、内面の人間関係は疎かになる。

たとえば、「本当はやりたくない」仕事をやらざるを得ないような時、自分の実感を感じていると、働きつづけるのが困難になる。

こうした時、耐え難さを味わうことができればそれは滋養にもなりうると思うが、味わう前にそれを「ない」ことにして、とりあえず仕事をつづけるための心理状況が確保されることもあるだろう。言い方が悪いけど鼻をつまんで働くというか、〈自分自身〉に対する感受性にツマミがついていたら、それを0の側へまわして入力を絞るようなこと。

問題はこのツマミが、家庭用とか、仕事用とか、恋人用といった具合に細かく分かれていないことだと思う。個人的な経験からの見解だが、仕事における感情回路の遮断は、そのまま全体的な実感の喪失につながりかねない。

こうした小さな自己疎外の積み重ねが、場合によっては心身症や失感情症、適応障害や抑鬱状態をも招いてしまうのではないか。真面目でかつ能力の高い人。つまり社会の各種矢印に対応出来てしっかり応じようとする人ほど、この困難さを抱えやすい。

ところで社会の矢印群は、都市化や情報化の進展にともないますます大きく膨らんで、間に立っていたはずの〈自分〉をも呑み込んでしまいそうだ（次頁）。

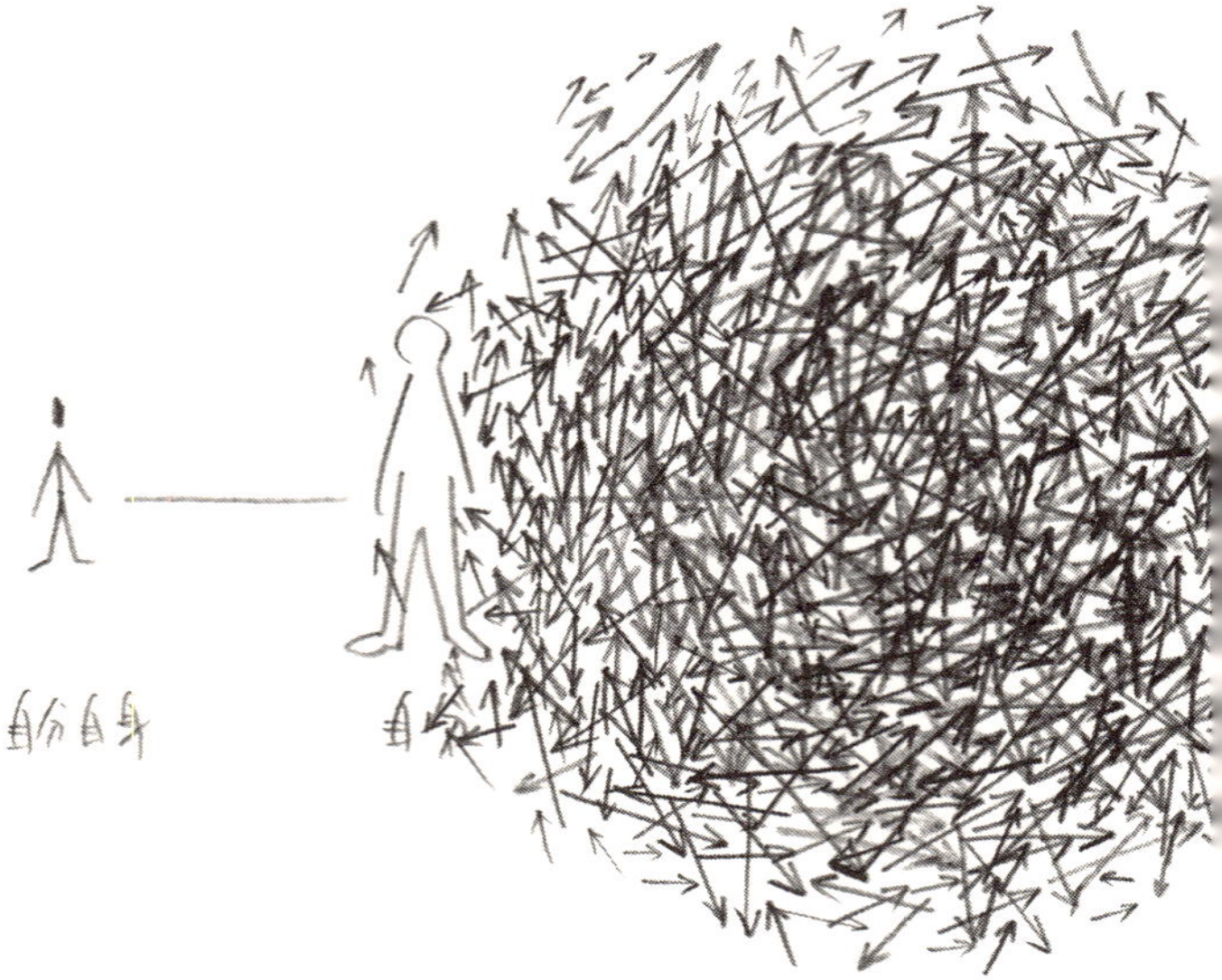
自分自身
自分

図式的な解釈は図式に過ぎないので、必ずディテールに抜けがあるものだけれど、とりあえずこのまま話を進める。

通勤や通学中のちょっとした時間の隙間にも、メディアを通じてさまざまな矢印がわたしたちのもとにとどく。テレビは異なる感情を刺激する情報を次々に映し出す。自分が感じていることを感じる間もないような矢継ぎ早さで。テレビを見ない人が増えている背景には、その分裂さ加減と過剰性に、もうこれ以上付き合えないという気分の強まりも大きいんじゃないか。デジタル化されてインタラクティブになったところで、本質的なテレビ離れは終わらないだろう。

自分が感じていることを感じようとしないで、外側の要求にばかり対応している人の姿には、どこか寂しさがある。それはその人の内面における、本人と本人自身の関係性から生じているのだと思う。

人間性回復運動のうねりが生じたのは１９６０年代のこと。これは社会における人間性疎外への異議申し立てで、アメリカが同時期に体験していたベトナム戦争との関係が深い。

この運動は１９６７年にサンフランシスコで始まったヒューマン・ビーインなど、人間同士の新しい集いの場づくりにつながり全世界へひろがった。人が、その人間性を互いに確かめ、暖め合うような集いの場づくりが各地で進んだ。

その一方で、人がひとりで過ごす時間への希求が進む。自分一人分の食糧と装備を背中にしょって、自然の中に分け入ってゆく単独行の旅として。これはバックパッキングという、もう一つの静かなムーブメントになった。

バックパッキングに限らず、断食や呼吸法などのボディワーク。あるいは自然の細部に見入ったり、耳を澄ますこと。先の言葉でいえばこれらは、「自分づきあい」の技術であり、今この瞬間に自分を立ち戻らせる効用を持っている。

大人にも子どもにも、人間には、ひとりで過ごしている時間

**ヒューマン・ビーイン**
**Human Be-In（Being-In）**
ベトナム反戦運動色が強まりはじめた１９６６、７年頃、学生等の座り込み集会「Sit-In」にヒントを得て、人間の集会として発想された。企画者は作家のアラン・コーエン。

の中だけで進む、ある生育のプロセスがあると思う。〈自分自身〉が感じていることを、〈自分〉がともに感じる時間。

つまりひとりになる時、わたしたちはようやく「ふたりっきり」になる。

**わたしたち**

「矢印」の影響を避けたい人、〈社会〉の中に自分の居場所が見いだせない人は、〈自分自身〉の方へバランスを寄せる。そして、今度は〈自分〉の社会面が不在的状態になる。

これはネガティブな状態とは言い切れない。たとえばモノづくりや芸術表現、あるいは学問など、なんらかの自己探求を仕事の基軸にしている人たちは、必ず引きこもるようにして過ごす時間を持っている。

人生のある時期がそれに該当する人もいれば、一週間や一日の中に、細かくその時間を確保している人もいる。

「いや自己探求とかそういったことの一環ではなくて、本当にこの世の中にいられない。生理的に耐え難いんだ」、という人もいるかもしれない。引きこもる人の気持ちがわかるなんてとても言えないけど、僕にもこの社会のある部分に対する耐え難さはある。

ただ〈自分自身〉の側へ身を寄せた人が、そのまま社会に関われなくなってしまうのは残念だ。心理的な困難や不自由さに囚われてしまうこともそうだし、なにより「自分らしさ」とか「本当の自分」といった言葉で正当化しながら、目の前にいる他者と出会おうとしない人、シャッターを下ろしたままの人の姿を見るのは淋しい。

ある教育者の調査研究によると、90年代を通じて学力以前に、学習にむかう意欲の格差が顕著になったという。そしてその意欲を持ち得ない者、ありていに言えば勉強が出来ない(しない)人ほど、「自分らしさ」という自意識を強く抱く傾向があるそうだ。

**『階層化日本と教育危機——不平等再生産から意欲格差社会へ』**
(苅谷剛彦著、2001年、有信堂高文社)

もし、敢えて勉強をしていないというスタンスをとることで、「自分には優れたところがある」という有能感を抱く余地を確保しているとしたら、彼らは現実というより想念の中で生きていることになる。

それでは、互いに「いる」ことは叶わない。

〈自分自身〉と〈社会〉というふたつの世界の境目は、波打ち際のようでもあり、森の入口のようでもある。〈自分〉はその端境にいて、時には森から離れたり、時には森の奥を逍遥しながら、ふたつの世界の関係をとりもっている。

そのどちらに重きを置くかというバランスは、二者択一ではないし、固定的なものでもないと思う。「バランスをとる」というのは、とれた状態で静止することではなくて、両側に意識をひろげながら微細に揺れつづけることだ。〈自分自身〉も〈社会〉も、どちらも大切だろう。わたしたちはその両方なのだから。

僕はパートナーや仲間たちと、デザインやものづくりの仕事をして暮らしている。自分たちの取り柄をいかしながら、企業や自治体の相談を受けて働くのと同時に、誰に頼まれたわけでもないけれど形にしたいと思えるものをつくり、そのいくつかを販売もしている。

大学の授業で学生たちに仕事の一部を見せると、「やりたいことをやって食べていけるんですか？」という質問に出会うことがある。仕事とはやりたくないことを我慢してやることだと考えている学生の数は、年々増えているようだ。そういう大人たちの姿を見て育ってきたのだろう。

しかしこの世界は、「自分がやりたいこと」をやる場でも、「社会から求められること」に応える場でもない。そのどちらか片方じゃない。

そもそも、もし単に自分がやりたいことをやりたいだけなら、発表する必要なんてない。自分が描きたかったり、描かずには

**風灯：Solar**
昼間の太陽光で発電。それを蓄電し、暗くなると、風の動きをセンサーで感知しながら、リアルタイムに明滅する。２００５年に完売。
www.livingworld.net/works/wind-lit-solar/

いられない絵を描き、描き終えてそれで満足できるのならそれはそれでいいはずで、マスターベーションや自己満足といった言葉を並べて蔑む必要もない。

おいしい朝食をつくって、それを自分で食べて満足することや、部屋の模様替えをして新鮮な気持ちになるのとなんら変わらないことだから。

なんでもかんでも世の中に向けて発表したり、それを仕事にしたり、収入に結び付けなければならないわけではないと思う。たとえそれがどんなに得意で、他の人より上手くできることであっても。

ただ、もしそれが自分だけのこととは思えなかったら、世界に差し出してみることができる。

本を書くのも同じことだ。同じ時代を生きている人たちと共有できるかもしれないという予感があるから、「これはわたしたちの問題なんじゃないか?」と思えるから、形にすることができる。

仕事は、自分の課題と社会の課題が重なるところにある。

〈自分〉が同時に〈わたしたち〉でもあるような感覚で、取り組めるかどうか。これがその仕事を閉じたものにするか、開かれたものにするかという違いを生むのだと思う。

その〈わたしたち〉は、友達と自分のふたりだけかもしれないし、全世界の何百万人かもしれない。僕は初期のアップルコンピュータの重要な技術者のひとりであったビル・アトキンソンの、「表現したいことがある人のまわりには、必ず小さなマーケットがある」という言葉が好きだ。この小さなマーケット、つまり〈わたしたち〉に、人間だけでなく動植物や土や水を含める人もいるかもしれない。


先に、死ぬまで自分をいかして生きることが、わたしたち一人ひとりの仕事なんじゃないか、と書いた。少なくとも自分をころすようにして生きることではないだろう。

なにをいかすのか？　自分？

自分ってなんだろう?

たとえばここに小さな子どもがいて、学校の先生には「君は落ちつきがない」と叱られ、親からは「おまえは本当に行動力がある」と褒められていたとする。

この異なる二つの目線が交わるところ。その子どもの中心にあるものは、たぶん同じひとつの力だ。


力はただの力で、いいも悪いもない。それは解釈や評価以前のものだと思う。

ファンタジーを読んでいると、白い魔法使いと黒い魔法使いが登場して、どちらも過去に同じ師のもとで学び、同じ力を持っていて……といった設定にしばしば出会う。あれはこのこと。力はただの力で、善も悪もなく、それをどうするかは開かれている。そして、その扱いをこそわたしたちは問われている、ということを物語っているんじゃないか。


「力」、すなわちエネルギーは、常に解き放たれることを求めている。水はより低いところへ向かって、大気はより気圧の低い空間を探して流れる。かならず、よりエネルギーが解き放たれる方向へ動く。

エネルギーの固まりとして人間を見ると、自然界で起こっている出来事とほぼ同じ様相が見える。わたしたちは、植物のような生命と、なんら変わらない。草花は太陽を求めて立ち上がり、水や養分を求めて根をひろげる。細胞を生成し、光や水を取り込んで物質を循環させ、植物をその植物たらしめる秩序を維持してゆく。

この働きは疲れを知らない。ただ本領が発揮されて、エネルギーがめぐっているだけだから。

一名の人間においてはその循環もいつか終わるわけだが、迷ったり見失うことがあっても、その都度より「生きる感じ」がする方へ動いてゆけばいいいんじゃないか、と思う。

# イームズの「デザイン・ダイアグラム」

20世紀を生きたデザイナーのチャールズ&レイ・イームズ夫妻。1969年にパリのルーヴル美術館で開催された展覧会「デザインとはなにか?」のためにチャールズは、デザイナーとクライアント、そして社会の関係性を示すダイアグラムを描いた。

1. もしここがデザイン事務所の興味と関心事を示し
2. ここがクライアントの真の関心領域で
3. ここが社会全体の重要な関心事であるとしたら
4. これらの重なり合うところこそ、デザイナーが強い気持ちと熱意をもって打ち込める部

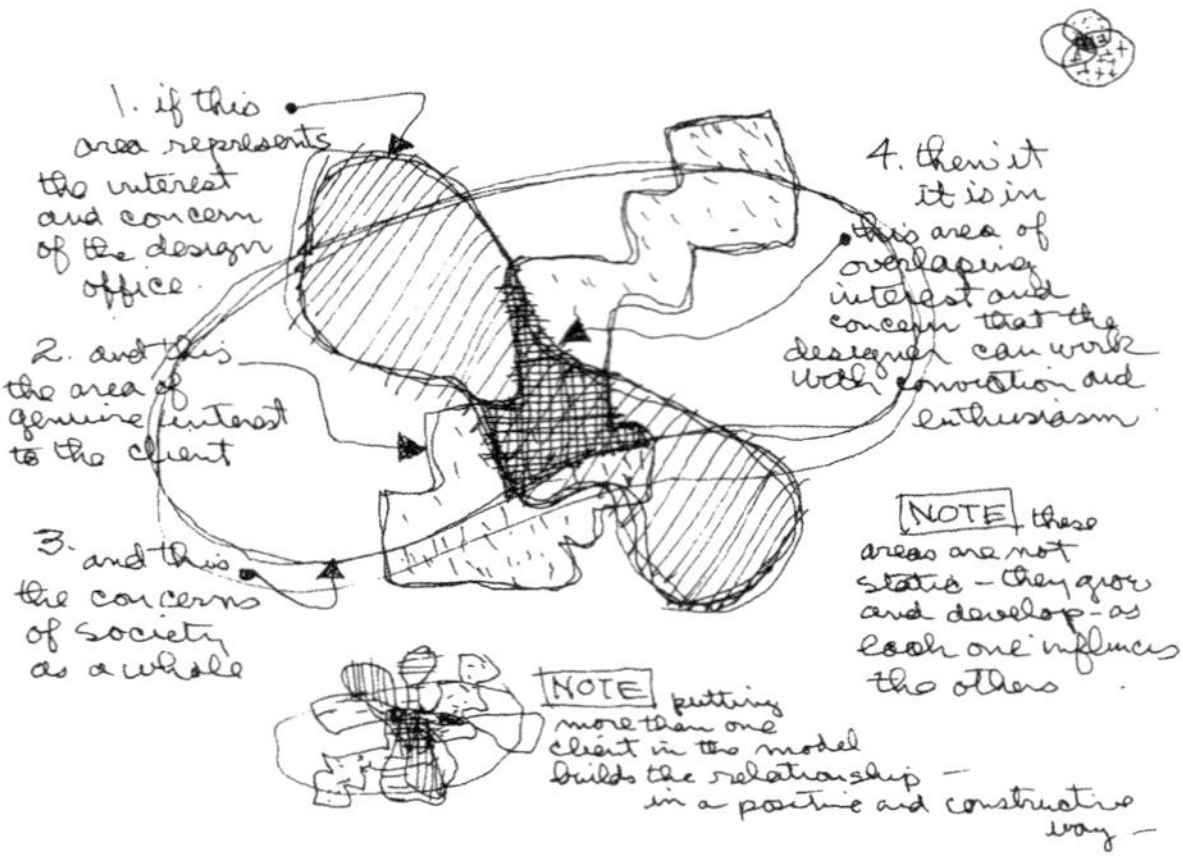

分である……。

図を見ていると、彼らがどんな感覚で仕事を手がけていたのかがわかる。関心領域に違いはあれど、クライアントと自分たちは基本的に対等で、社会を交えた重なりの判断こそなにより重要な仕事であるということ。

『イームズ入門』という本に、ある人がチャールズを回想して呟いた、「あれほど一致している人間はめったにいない」という言葉が紹介されていた。

イームズたちにとって仕事とは、クライアントや社会に〈合わせる〉ことではない。自分を含むその全員が〈一致する〉領域を見い出して、そこに情熱と確信を投入することだった。

**『イームズ入門――チャールズ&レイ・イームズのデザイン原風景』**（D・イームズ著、2004年、日本文教出版）より引用。

# 3 自由とか誇りとか

## 働くことは本当に喜びなんだろうか

第1章にも書いたとおり僕の仕事のひとつはデザイン教育で、ここ数年、多摩美術大学を中心に「プレデザイン」という授業に取り組んでいる。春休み直前の1年生を対象にした、約2週間のワークショップである。

「デザインの前」というタイトルのとおり、一般的な造形訓練や制作ノウハウはあまり扱わない。それ以前のこと。デザインという仕事と自分の関係について、学生たち一人ひとりが吟味する時間をつくることに注力している。

理由のひとつは、美大のデザイン教育が「つくり方」の伝授に偏りすぎている気がしているからだ。

新しい発想やモノづくりのプロセスを扱う授業でも、環境問題をテーマにした授業においても、「つくる」というベクトル

**プレデザイン**
多摩美術大学の上野毛キャンパスで毎年1月、デザイン科の全2年生を対象に行われているワークショップ形式の授業。西村佳哲、矢野英樹、福田桂の3名が講師を務めている（2010年度からは福田に代わり青木将幸が参画）。

自体の是非はあまり検討されない。
でも、これだけモノが溢れている世の中で、さらに「つくる」ことをなぜ前提にできるんだろう。学びに来ている学生たちにしても、デザインやモノづくりを通じていったい何をかなえたいのか。プレデザインという授業はこの問いの応答として模索されている。むろん、答えを知っているのは本人である。

「つくるのはやめよう」という方向性はない。「つくる」でも「つくらない」でもなく、できるだけニュートラルな状態でデザインと自分の関係性を感じ、考え、確かめ合うような時間を、年間34週ほどある課題製作の6%ぐらいは過ごしてもいいいんじゃないかと思いながら取り組んでいる。
デザイナーになってもいいし、ならなくてもいいし。つくる自由もつくらない自由も、両方とも確かめておきたい。

同じことを、仕事や働き方についても思う。

わたしたちは生涯の多くの時間を仕事に割く。学校を卒業したら働くべきだと、ごく普通に考える。働くことを通じて人は成長するし、それは喜びをともなう経験でもあるといった具合に、働くことを、ごくあたり前に肯定している人は多いんじゃないか。

デザイン教育における「つくる」と同じく、この社会には「働く」というベクトルがある。まるで前提のように。そして時には怠けてしまった自分を責めたり、働かない人の姿に苛立ったりもする。しかし、わたしたちは働くべきなのか?

「働くことは人間の本質であり、よいことである」といった考え方は、比較的受け容れられやすいものだろう。それは違う!とむきになる人はそう多くないはずだ。

本質とまで言わないにしても、生まれてきたからには本領を発揮したいしエネルギーを解き放ちたいわけで、その意味でも、仕事はきわめて有力で魅力的なメディアだ。自分にも、他者にも、社会にも深く関わることが可能で、承認欲求も満たせば成長快感も得られるし、仕事の体験を通じた感情や感覚の起伏はそのまま生きている手応えにもなる。

でも本人の実感以外のところから、まるで倫理や徳や常識のように語られる「働くことは喜びである」といった言い切りには同意しきれない。それが〈自分の仕事〉ならむろん働くことは喜びになると思うが、そう思い込まされるようなファシリテーションが社会に施されているとしたら?

そもそもこの、働くことはよいことであるという考え方は、人類史の途中から姿をあらわしたものだ。その時々の為政者や権力によって、人々に与えられてきた痕跡も見受けられる。これは労働文化史の領域では決して斬新な視点ではない。働くことをよしとする価値観は、近世のヨーロッパで生まれ、キリスト教と産業革命を足がかりに世界へ広がった。その足跡を少し辿ってみよう。

絶対王政がしかれていた16、17世紀の西欧では、王家、貴族

**ファシリテーション**
**Facilitation**
場や個人に対し、相互の理解や合意形成、ないし学びを促進し、容易にする手法・技術・行為の総称。

やギルド、聖職者、市民、農民といった身分の区分が明確だった。国王が権力の頂点に立ってはいたが、各身分の中にはそれぞれの共同体があり、身分の低い者が必ず上の権力に従うわけでもなかったという。それぞれ別の経済圏を持ち得ていたとも言えるだろう。

その後、近代国家が形成されてゆく過程で、農民が都市に流出するようになり、浮浪者や乞食となる。暗くなったら寝るとか、疲れたら休むといった、自然時間的な身体を生きている彼らを収容して、時間割に沿った労働感覚を教える矯正院や救貧院がつくられてゆく。

なにもしないとか、無為に過ごしているとか、怠惰であることは罪であるという価値観の共有には、キリスト教の原罪意識（人間はあらかじめ罪を背負っており、善き行いによって償われる）が機能した。表向きは慈善活動として行われたが、各院の実態は監禁ないし強制労働でもあったようだ。

ガリレオが振り子時計を想起したのが16世紀。ゼンマイと振

**ギルド**
中世・近世ヨーロッパの商工業者の組合団体のこと。

り子を組み合わせて、懐中時計がつくられるようになったのが17世紀。

つまり自然の時間と別に、人間の社会が本格的に時計の時間を刻み始めたちょうどこの頃、労働者の再編と、労働観の修正が進んでいる点が興味深い。時計時間という定規をあてることで、本来定量的に扱いにくい「人の働き」が部分的に数量化できるようになった。

この流れは18世紀、イギリスの産業革命によってさらに加速する。同時期に欧州各国で階級制度の廃止が進んだ。その背景には、農民の位置づけを変えることで、社会の工業化を担う工員の不足を補う意図があったようだ。

19世紀のアメリカでは奴隷解放が進んだが、これは従来の奴隷より移民の労働力の方がコスト的に安いことを踏まえたもので、結果的に貧しい賃金労働者層が再編された。

併行して各国が民主化し、新しい社会構成に沿った人間の再配置が進む。そして国や社会に、より主体的に参画する「市民」の概念が発達する。工業化の成果として可処分所得の高い中流層が増加し、市民的な感覚を持つ層は厚みを増す。
結果として王政の時代に比べると、徴兵も、税金の徴収も容易になったようで、こうした角度から見ると、アメリカの独立戦争やフランスの市民革命はいったい誰のためのものだったのだろう？　という気もしてくる。

労働や働くことをよしとする考え方は、共産主義においても資本主義においても機能した。それは都市化・数量化・産業化の流れに沿ってひろがった近代以降の価値観であって、それ以前の社会には、実はあまり見かけられないという。

どんなことでも集中してやれば、身体と意識が覚醒する。惜しまずに愛を注ぎ込めば充実もする。なにをするにしても、存在を存分に投入して働くのは、とても大切なことだと思う。

でも働くべきだとか、仕事の中に喜びを見いだすべきであるとは、まったく思わない。

人は、「より生きている」という実感に喜びをおぼえる。仕事はその感覚を得やすい媒体のひとつである、というだけのことだ。

ただ働くことだけが、わたしたちの〈生〉を充足させるわけじゃない。価値観の形成過程に誘導性も感じられるので、このことについては、むしろ慎重でいたい。

## その人の力

人の仕事とは、死ぬまで自分をいかして生きることなんじゃないかと書いた。

でも、たかが仕事や働き方の話がなぜ、人生や生き方、ひいてはあり方といった大袈裟な話になってしまうのだろう。それは仕事や働き方が、人間の尊厳にかかわる事々として目に映っているからだと思う。

以前ある会社の営業部門のマネージャーから、業績を上げるポイントとしてこんな話を聞いた。

――営業目標を数字で共有したり、獲得件数をグラフで並べて競争を煽るより、本人の意識をちゃんとお客さんの方に向けることが大事なんです。そうすれば結果はついてくる。

たとえば、外回りから帰ってきた営業スタッフの話を聞いて、その中にお客さんの話が出てきたら強く反応する。身を乗り出したり、目に力を入れたり、もっと聞きたいという姿勢を示す。すると「ああ、お客さんの方に向かうのがいいんだ」ということが自然と了解される。それが本人の喜びにもなってゆく。

自分の行動の意味は、戻ってきたフィードバックによって形成される。そのサイクルを回してゆけばいいんです。――

彼はこうした関わり方を通じて、担当した営業チームの成績を、底辺ラインから上位に押し上げたと語っていた。
売り上げを伸ばしたい会社があり、成績を上げたい部門マネージャーがいて、成果を出したい営業スタッフがいて、より意識の高い営業活動をうけるお客さんがいて。この話はどこをとっても申し分がない。
が、僕には微妙な後味が残る。ここで発揮されているのは、本人の力なんだろうか。

力。ある企業の社長が、「人が成長する仕事は、やりたい・できる・やるべきという三つの動機（モチベーション）を兼ね備えている」と語っていた。基本的には同意できる話だ。ある社会起業家は「天職とは、好きなこと×得意なこと×大事だと思うこと」と説いているが、語られているのはほぼ同じことだと思う。好きだとかやりたいといった一本足でなく、この三本足で自分の仕事を考え、立たせてみようということ。

中でも彼らが最後にあげている、「やるべきこと／大事だと

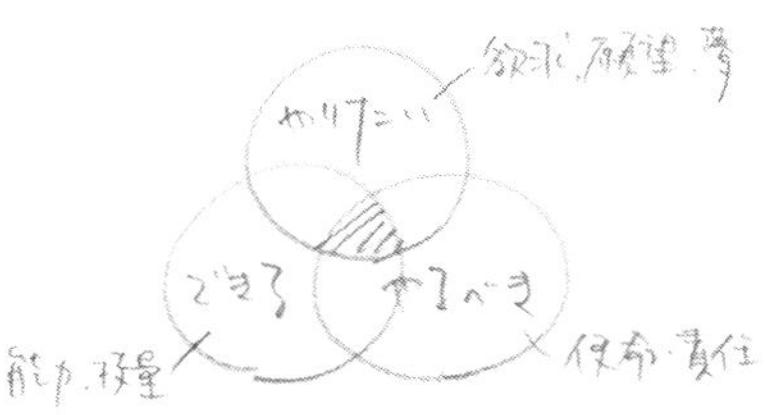

思うこと」は大切なポイントだと思える。内的な使命感や責任感を、自分の仕事の足がかりにすること。

ただしそれは、本人以外の第三者が外から与えることも出来る。職務や指示のように明示的な関わり方もあれば、より遠回しで暗示的な関与も可能だ。先の営業部の話もしかり。教育の影響力は言うまでもないし、親の期待がここに入ることもある。場合によっては、意図や思惑がバレバレでもそれらは機能する。やるべきことに限らず、やりたいことも、できることも、どれも外部からの干渉を受けやすい。

以前、舞踏家の大野一雄がこんなことを語っていた。

――咲いている花を見て、ああきれいだな……といつの間にかそばに近寄って、花にむけて手がのびる。この手はいったいなんだろう。――

花を摘むことではなく、その行為の直前の、思わず生まれて

**大野一雄**
1906~2010年。北海道生まれ。百歳を超えてなお舞台に立つ舞踏家だった。代表作に「ラ・アルヘンチーナ頌」「わたしのお母さん」など。

くる動きについて彼は語ろうとしている。
のびてゆく手は、肉体というより魂のようであり、美しいものに触れようと近づいてゆく動きであって、その中で花に包み込まれるような感じがするのだと彼は語る。そして、それこそが彼の踊りの原点なのだという。

僕は先に、お客さんでいられないこと、それだけではおさまらないようなことの足元に、一人ひとりの〈自分の仕事〉の鉱脈があるんじゃないかと書いた。他の人には任せたくないこと。思わず手がのびて、摑みにゆくような衝動が生じること。それは思考というより、存在から湧き上がってくる動きだ。
そしてそれが、成果に至るひとつながりの働きとして他者や社会に差し出される時、その人ならではの、掛け替えのない〈自分の仕事〉になるんじゃないかと思っている。

営業部のマネージャーのもとで各スタッフが発揮する力も、同じく「思わず」出てくるものかもしれない。しかしこの時、その仕事の中に、本当にその人は「いる」んだろうか。

力を発揮することや認められることの喜び、あるいはその仕事に対する愛をつかって、人間が利用されているだけの話なんじゃないか。

いや、されているどころか、むしろ働き手としては大いに利用して欲しい。自分をいかしてくれる人がいるなら是非そうしてくれ、という望みを持っているんだろうか。

わたしたちは働いているのか、働かされているのか。こんなことは、考える必要のないことなんだろうか。

**心は誰のものだろう**

大人であれ子どもであれ、人は周囲の期待に応えようとする。自分の物語は自己完結的に書き下ろされるわけではなくて、社会や他者との関わり合いの中で紡がれている。そしてその関係性について、他人がとやかく語ることはできないのだけれど、人間のある種の無防備さに、僕はなんとも言い難い気持ちになる。

心は誰のものだろう?

動機（モチベーション）や衝動は、人間存在の根幹に近いものだ。つまり、その人自身のものだと思うし、思いたい。が、悪意をもって行われるか否かは別にして、わたしたちの心は日々操作的に関わられている。

心理操作というと言葉がキツイかもしれないが、その基本はあたかも本人がみずからそう思い、求めたかのように選択を誘導してゆく部分にある。これは人の心や脳があらかじめ持っている、情報処理の仕組みを利用して行われる。

たとえば「1ドルの報酬」と呼ばれる有名な心理実験がある。この実験では、極めて退屈で意味が感じられないように考えられた単純作業が用意され、実験であることは伏せてアルバイトが募られた。そして作業の対価として20ドルを受け取る人たちと、1ドルを受け取る人たちの二種類のサンプル群をつくり、

**1ドルの報酬実験**
アメリカの社会心理学者・フェスティンガー（L.Festinger）および、カールスミス（J.M.Carlsmith）によって1959年に実施された。

それぞれが自分の体験を、後から来た人にどう語るかを調査した。

その結果は安い対価で働いた学生たち、つまり1ドルで請け負った人の方が、その体験を「面白く意味があった」と主張する傾向が明らかに強くなるというものだったそうだ。

これは、人間が自分の行動に整合性や正当性を求める心理として解釈されている。たぶん、脳があらかじめ持っている一貫性のある事象に意味を見出そうとする性質とも関連しているのだろう。

簡単に書くと、1ドルでは割りが合わないほどつまらなく、意味も見出せなかったため、それを内部処理で「面白く有意義だった」と修正することで自分を正当化し、心理的なバランスをとっている、という解釈だ（むろんこのような実験においても常に例外的な人々は存在する）。

この実験から抽出される人間理解は、そのまま商品の値付けにも応用できる。心理的な無理を敢えてさせることで、そこに意味や価値があると説明させる誘導性を、団体の導入プロセスやセミナーのような場に組み込むこともできる。

取捨選択といった検討段階をスキップして「やらざるを得ない」状況に巻き込んでしまえば、人間の心がみずからその体験を許容する方向へ作動しがちである、と考えると、適応可能な領域はあまりに広い。


人の脳や心があらかじめ持っている機械的な動きを探った心理実験や行動科学の成果報告は、この他にもいろいろある。

たとえば、見た目や品質にほとんど差のない二つの類似商品を並べて、そのどちらに好印象を持つかという実験を行うと、大抵の人はすでに馴染みがある方を選ぶという。

これは安全性を重視する脳の働きとして説明されているが、たとえばその実験に来る道すがら片方の商品やロゴを見かけていて、しかし見たことを当の本人は忘れている状態、つまり意識的には思い出せない潜在的な認知を持っている場合、人はさらに良い印象を抱きやすいという。ブランド・アイコンの露出機会を増やす広告デザインの多くは、人間のこの性質を基本的な足がかりに機能している。

二つを見比べて、その片方になぜか感じた好印象の理由を、思考が後追いで構築する。先の実験でもそうだが、内面の情動を他の人に説明するステップを加えることで、本人の中でロジックを強化させる効果もありそうだ（逆にこの過程で我にかえる人もいるだろう）。

こうした作用の只中では、それが自分自身の求めなのか、第三者による誘導なのかといった区別が難しい、正体不明な心の動きが生じる。合気道は、組んだ相手の動きや力に合わせてゆくことでより大きな動きを生み出す。これと似ていて、自分は飛んだのか・飛ばされたのかよくわからない、ということが起こる。

現代思想の領域では、生理的で本能的な求めを「欲求」と呼び、他人が持っているから欲しいとか人気があるからなりたいといった具合に、他者への目線を通じて生まれる求めを「欲望」と呼んで区別する。概念としてはわかるが、実際にはこれらも、どれぐらい分けることができるのだろう。どこまでが〈自分〉なのか。

会社勤めを重ねてきた同年代の友人に、仕事の憂鬱さを語る人が少しずつ増えている。鬱々とした気分の原因のひとつは、仕事の意味や価値を、根本からは問えない閉塞感にあるんじゃないか、とも思う。

「この仕事は本当に必要なのか？」ということ。

身も蓋もない話になりかねない問いだと思うし、多くの仕事は「そう言い切れない」ことを打ち明けるかもしれない。

しかし敢えてそこを検討してみないことには、先人が築き上げてきたビジネスの仕組みの、より高度な微調整にわたしたちの仕事が終始してしまう。それでは働く意味を再構築できないし、救われないいんじゃないか。

供給過剰な市場とその仕事の現場では、コスト減の競争が重ねられている。競争といえば聞こえがいいが、もし、より低水準へ向かう競い合いに過ぎないとしたら、そんなことのためになぜ力を賭して働かなければならないのだろう。

そもそも勝ったところで、それは成功なんだろうか。チキンレースのリスクをさらに高くしているだけの話なんじゃないか。誠実に働いて税金や年金を納めたところで、社会に還元される前にどこかへ消えてしまっていることについても、どう納得すればいいのか。

「一体なんのために働いているのだろう?」と、ぢつと手を見ずにいられないような働き手は、社会の端々に増えているんじゃないかと思う。いや、そんな戸惑いなど、とうの昔に通過しているんだろうか。

仕事への初々しさや意欲があれば、働く意味や価値はたちどころに生まれる。

しかし本人のそれはもう希薄で、それでも気持ちよく意欲的に働くために施されるメンテナンスとして、オフィスデザインや、自己啓発的な社員研修、カウンセリングルームにおける傾聴といった仕事が重ねられているとしたら、それはなんというか日常化した応急処置のようだ。

加工食品の香料にもつながる話だが、なんとなくやり甲斐のありそうなこと、意味のありそうなこと、素敵そうな気分の中に働き手を漂わせて、仕事を面白そうにし、その人の労働力、ひいては時間や生命を利用することに人々の創造力が充てられるとしたら、僕にはやりきれないものが残る。

末期の癌を抱える人が、人生の最後の日々を、病院の都合でなく自分の意志によって過ごすことを尊重するホスピスでは、痛みを緩和する疼痛コントロールが大きな役割を担う。

この苦痛緩和はモルヒネによって行われる。

あまりにも大きな身体的苦痛は精神に影響を与える。転移状況によって異なるが、癌の痛みは死んでしまいたいほど辛いという。意識を保って自分らしくあること自体が困難になるので、まずは苦痛緩和から着手するのだそうだ。

この疼痛コントロールは、すばらしい知恵であり技術だと思う。が、ホスピス医として仕事を重ねる山崎章郎さんはご自身の著作の中で、その緩和処置を行わないことを選んだある女性の逸話を紹介していた。

――彼女は、確かに痛みはあるけれども、この痛みは自分にとって必要な痛みなのだと言う。つまり痛みがあるから今自分が受けている試練を自覚することができ、自分の存在の意味が確認できると言うのだ。――

この女性の痛みがどの程度のものだったかは、誰にもわからない。わからないが、その痛みも本人のものであるということ。その人の人生は、痛みも喜びも、情けなさも誇らしさも、他でもないその人自身のものであるということが、人間の尊厳に関する僕の了解である。

**山崎章郎**
1947年福島県生まれ。91年より東京都小金井市の聖ヨハネ会総合病院桜町病院ホスピス科部長、97年より聖ヨハネホスピスケア研究所所長も兼任。2005年に在宅診療専門のケアタウン小平クリニックを開設。著書に『病院で死ぬということ』『僕が医者として出来ること』など。

## わたしたちは本当に自由を求めているのか？

わたしたちの社会は個人の自由意志を尊重しているし、自由に生きることを良しとする文化的な前提を共有している。「他人に所有も支配もされていない自立した個人」という人間観は、民主主義と呼ばれるものの基盤でもある。

しかし人は真に自由に生きたいわけではなくて、ある程度の統治の下でほどよく自由でいたい生き物である、という人間の見方もある。さて、どうなんだろう。

自由とは、自《みずか》らに由《よ》っていることを示す言葉だ。「由《よし》」は「寄す」の名詞形で、物事のいわれや来歴を指す。

つまり手足を縛られていないとか、選択肢が十分にあることが自由なのではなくて、その本人に由来を辿ることのできる動きや働きに、わたしたちは自由という言葉をあててきたのだと思う。

漢文学者の白川静（1910～2006年）によると、象形としての古代の「民」は、目を刺して視力を失わせることを指している。神に仕える者として捧げられた異種族の人間をあらわしたもので、それは時に奴隷であり、楽人でもあったようだ。時代を下ると、支配下におかれた人間や、農耕などの激しい労働に使役された人間を包括的に指す語となる。いずれにしてもその始原は、現代の語感とはずいぶん異なる。

ということは、逃げ出すこともできず、ただ厳しい仕事を与えつづけられるような環境にあっても、人間の自由はあり得るのだろうか？

ナチスの収容所に列車で運ばれ、ユダヤ人としての扱いを体験した心理学者のヴィクトール・E・フランクルは、著書『夜と霧』に次のような回想を書き留めている。

——人間の自由はどこにあるのだ。あたえられた環境条件に対してどうふるまうかという、精神の自由はないのか。

（中略）

経験からすると、収容所生活そのものが、人間には「ほかのありようがあった」ことを示している。その例ならいくらでもある。

感情の消滅を克服し、あるいは感情の暴走を抑えていた人や、最後に残された精神の自由、つまり周囲はどうあれ「わたし」を見失わなかった英雄的な人の例はぽつぽつと見受けられた。一見どうにもならない極限状態でも、やはりそういっ

**『夜と霧』**（池田香代子訳の新装版、2002年、みすず書房）

たことはあったのだ。

強制収容所にいたことのある者なら、点呼場や居住棟のあいだで、通りすがりに思いやりのある言葉をかけ、なけなしのパンを譲っていた人びとについて、いくらでも語れるのではないだろうか。そんな人は、たとえほんのひと握りだったにせよ、人は強制収容所に人間をぶちこんですべてを奪うことができるが、たったひとつ、あたえられた環境でいかにふるまうかという、人間としての最後の自由だけは奪えない。

(中略)

典型的な「被収容者」になるか、あるいは収容所にいてもなお人間として踏みとどまり、おのれの尊厳を守る人間になるかは、自分自身が決めることなのだ。——

本人の意志とは無関係に与えられる環境条件。感情の消失、暴走。自失。

実際に収容所でどのようなことがあったのか、その全ては知らないし知ることもできないが、ここに描写されている状況は、わたしたちの社会の現実と似ているように思う。

『夜と霧』には、ナチスの親衛隊員や監視兵に代わって被収容者を管理する、元被収容者の話が出てくる。カポーと呼ばれる彼らは、同じく収容所に連れてこられた人間の中から選ばれてその立場に就いていたらしい。

その者たちが監視兵以上に、同朋であるはずの被収容者に厳しく、意地が悪く、被収容者が空腹に耐えかねていたときも良い栄養状態で過ごしていた…といった話を読むと、ある人間たちの中から代理人を選んでその管理を任せる間接的な統治の構造が、ふたたび今の社会と重なって見える。

傀儡政権を任された国政のリーダーや、沈んでゆく船から逃げるように離れてゆく米国の大企業の経営者たちの、最後の身の振る舞いにも。

自由に生きることを難しくするような、社会の調整も進んでいる。

たとえば、現在世界中で生産されている野菜の大半は、F1品種という種から育てられている。F1品種とは、人為的な交配によってつくられた作物や家畜の優良品種のこと。特徴として一代目は大きく粒ぞろいで、耐性の高い作物を多収できるが、子どもをつくることが出来ない。野菜でいえば種の自家採集が出来ないので、この野菜種で農業を営む人々は、毎年新しい種を「商品」として再購入する必要がある。

国内外を問わず、大半の種子メーカーがF1品種の野菜種を主流商品として販売している。農薬や化学肥料の併用を前提につくられているため、収量は多いが周辺コストが高くつく。もともとは化学薬品メーカーで現在は世界最大手の種子メーカーでもある米国・モンサント社は、自社製の農薬（除草剤）への耐性を持った野菜種のセット販売をも行っている。

リピーターの確保はあらゆる商売が追求するテーマだ。リピートを前提にしない売り逃げ商売の方がビジネスとしてはむしろ怖い。が、使いたくなくても使わざるを得ないような囲い込みが、野菜の種に限らず、人間の生存を支える基盤のような領域で進んでいる。

人間の仕事を通じて。

わたしたちは仕事を通じて社会を形づくり、維持している。その中で一人ひとりは、手を抜くどころか生命を削るように働いていて、でも全体としてはあまり望ましくも喜ばしくもない方向に社会が整ってゆく……というパラドックスが進行しているように思えてならない。

企業にも学校にも農業の現場にも、社会全体にかかっているこの似たような重力は、いったいなんなのだろう。

さて〈自分の仕事〉が、自分の存在とつながった、いわば自己一致感の高い働きとして社会に差し出されるものだとすれば、それは自らに由って行われること、つまり「自由」と同じものを指していると言っていいと思う。

どのような状況でも自分を失わず、精神の持ち場を離れずに、その働きを成すこと。

そして、『自分の仕事をつくる』という前著のタイトルを思い浮かべる僕の内面に、ちょっとした緊張感が生まれる。ただ、仕事を自給自足しようとか、手を抜かない仕事をしようといった話ではなく、「働くことを通じて自分という存在に責任を果たそう」という投げかけが含まれていたことに、あらためて気づかされるので。

それは可能なんだろうか？

またそんなに厳しいことを、皆、求めるのだろうか？

自らに由って生きるということは、他の誰のせいにもできないし、言い訳もしないあり方を意味している。

生まれてきた自分に責任を持って、それをまっとうするということ。

「生まれたくて生まれてきたわけじゃない」という言い草があるかもしれないが、受精時点で数億分の一の競争をすでに経ているのだからこれは一蹴するとしても、人間は決して強い生き物ではないという見方にも頷ける。

周囲全体が大きな慣性で動いている時に、一人で立ち止まるのは難しいことだ。

ある作家は、地下鉄サリン事件の現場となった駅にたまたま居合わせて、具合を悪くした乗客の介護にあたろうとしていた時、倒れている人が何人もいる同じホームを、流れるようにぬけて自動改札へ向かう通勤中の人々に感じた強烈な違和感を語っていた。が、これと同じようなことは日々起こっていると思う。

まわりがそうだから自分もしてしまうといったことは、仕事に限らず、暮らしの中にも往々にしてある。そして「仕方がない」と言い訳を呟いたり、そんな自分に慣れる。人間は慣れる生き物だ。しかしやりたくもないことや、望ましくない自分のあり方に慣れるのは、自分が駄目になってしまうことなんじゃないか。


人が一番傷つくのは、他人にどうこうされることより、本人が本人を裏切ることによるのではないかと思う。他人はそもそもコントロールできるものではないし、望ましくないことをされても「あの人はそうだったんだな」と思えば割り切れる。

しかし、自分という身近な他者はその限りではない。

誇らしさは、自分についても他人についても、本人が本人を裏切らないことによって生まれるものだ。この後の社会において、「自由」や「誇り」といった言葉の質を、わたしたちはわたしたち自身の、僕も僕自身のあり様を通じて、日々確かめてゆくことになると思う。

みなさんはどんなふうに働いて、生きてゆくんですか？


勤めや務めとして働く只中では、一時的に気持ちや感情を抑えたりころさなければ、社会的な機能をまっとうできない場面が当然のように混ざる。

この時に試される胆力の有無は、人の成熟をあらわすものでもあるだろう。しかし、「自分をころして生きる」と「自分をいかして生きる」という二つのあり方が並んでいたら、僕は後者でありたい。

そんな人間に出会ってゆきたいし、そのような存在を伝えてくれる仕事に触れてゆきたい。

30代の頃に始めた働き方の探訪でさまざまな先達に出会って、何より嬉しかったのはこのこと。働き方や仕事のやり方についてききながら、彼らのあり方に触れたことが、僕はなによりも嬉しかったんだなとあらためて思うのです。

## あとがき

まえがきにも書いたが、この本は前著『自分の仕事をつくる』の補稿にあたる。

そのまえがきに、「自分を疎外しない働き方をなぜ多くの人ができないのか」と書いた。その自問は宙に浮いたまま、心の中で余韻を引いていたので、この本を書くことになった。

今の社会には、その実態として高度に整った植民地のような側面があり、わたしたち人間には奴隷的な側面があると思う。奴隷制は一応廃止されたことになっている。人に所有され、重労働を課せられるような人間は、名目上はいないことになっている。

しかし、植民地経済の歴史をふり返ってみれば、明示的な搾取が非明示的な誘導に変わっただけ、肉体労働の多くが知的な労働や消費活動に変わっただけで、一部の人間が大勢の人間の力を管理し、そこから利を得る構造は歴然と残っている。というか、その手口はむしろ洗練されているように見える。

奴隷は減ったかもしれないが、奴隷的な人間は増えた。制度はなくなったかもしれないが、それは各人の思考や習慣として内面化された。

昔の奴隷は、主人にとってもそれなりに世話のかかる存在だったと思うが、現代の奴隷は所有財から共有財に移り、管理する側の負担をできるだけ軽くしながら、利用価値を最大化する方向に整っているように見える。

もし、これが統治の手法として意図的に行われてきた成果だとしたら、見事なものだと思う。抗う相手を外に見つけられない仕組みだから。温暖化やインフルエンザをめぐる報道に対する世間の順応ぶりをみるかぎり、なかなかの仕上がり具合のようにも思える。

むろんこう書いている僕自身にも、多少の自己裁量や経済的余裕を持つ現代的奴隷、という側面があると思っている。社会的なポジションが下がることや、既に持っているものを失うことに恐怖を感じたり、お金がないと生きてゆけないといった思考に囚われかねないこと。そうした重力場を持つゲームから降りるのが時に難しいこと。自分の〈生〉の主権を保持しきれずにいる、といった意味において。

第三世界の子どもたちの人身売買や、国内のワーキングプアといった事象だけが現代の奴隷労働ではない。〈生〉の主権の有無として奴隷性を考えるなら、キャリアも蓄財も文句なしのビジネスエリートの中にもそれを孕んでいる人はいるはずだ。少なくとも僕の中にはある。

その奴隷が語る「自分の仕事をつくる」という言葉は、いかほどのものだろう。身の丈を知らない人間の戯言《ざれごと》にすぎないのか。ドイツに「ユーモアとは〝にもかかわらず〟笑うこと」という言葉があると人に教わったが、単純には夢や希望を語りがたい状況の中で、生きてゆくエネルギーにつながるような、そんな一言になりえるのだろうか。

昔の植民地は遠い場所にあったが、今のそれは同じ国の中に同時にある。昔の奴隷は重労働を課せられていたが、今のそれはまた別のことを課せられている。

たとえば「お金を使って生きる」。先の自問の答えのひとつはこのこと。社会の血液が、まるで「お金だけ」のようになっていることにあると思うので、最後に少し書き添えてみたい。

わたしたちの社会は長い時間をかけて、人間の働きや営みを、お金で交換できるもの、つまり商品にしてきた。

前世紀には、それまで商品ではなかったさまざまな働きの商品化が進んだ。生活を支える家事のような営みも、行政が提供していた公的なサービスも、その多くが民業化されて商品になった。

大づかみに言えばわたしたちは、本来自分でやればいいことを、より得意な（とは限らない）他人に任せて、その対価としてお金を払い、その分の時間を使って別の誰かが自分でやればいいことをやり、対価としてお金を受け取る……ということをくり返して経済を回している。

それぞれが自分の得意なことに集中して取り柄を伸ばせる社会をつくってきた、とも言えるが、一人ひとりの人間の〈生〉の全体性は少しずつ損なわれてゆく。もし、いつも食料を買っているスーパーマーケットがなくなったら、もし勤めている会社がなくなったら、生きてゆくための資源を自分はどうやって手に入れるんだろう……。

商品化が進んだ社会で、うっすらとした不安を抱きながら、人間はより「お金を使って生きる」方向に整わざるを得なくなっているように思う。

商品が増えた社会における人間は極端にいえば、販売員と消費者の二種類に還元されてゆく。

アメリカにおける最大の雇用主はおそらく軍隊だと思うが、二番手の座は1997年にGM（ゼネラルモータース）からウォルマートに移った。

製造業から販売業に移ったということ。後の時代からふり返ると、主に売ったり、買ったりして一日を過ごしている姿が、この時代の人間の描写になるのかもしれない。

その社会で流通しているお金の大半には利子という含みがあらかじめ含まれているので（イスラム銀行のような無利子のそれはまた別の話になるが）、本来の価値に見合った額より少し高い値段を付けるか、あるいはより原価を抑える工夫を施さざるを得ない。

この返済負荷は、企業や個人が銀行から借りるお金を通じて社会の隅々にひろがり、分散処理される。

こうして、お金を介して価値を交わせば交わすほど、少しずつ負担もかさんで、貧しさの実感が日々微増するという厳しい状況が進む。そしてさらに働かざるを得なくなる。仕事、ひいては人生に対するオーナーシップは弱まり、「好きこのんで働いているわけじゃない」といった気分も生じやすくなる。

**ウォルマート**
**Wal - Mart**
米・アーカンソー州に本部を置く、世界最大のスーパーマーケットチェーン。

**イスラム銀行**
コーランの教え（イスラム法）に基づいて、利子を取らない、または請求しない金融商品を提供する銀行。利子でなく配当を受け取る。

前著にご登場いただいたルヴァンというパン屋の甲田幹夫さんは、文庫用の追加インタビューで「商売になってしまわないようにするのが大事。家庭の味を商品にして売るのではなく、単純に家庭の味をつくって提供したい」と語っていた。

僕はルヴァンでパンを買う。お金を払って買うわけだが、彼らはそれをただの「商品」のつもりではつくっていない、というところがミソだ。

**甲田幹夫**
国内の天然酵母によるパン屋の草分け的存在、「ルヴァン」のオーナー。『自分の仕事をつくる』でインタビューさせていただいた。

そういえば甲田さんという人はあまり新品を買わない。いつも誰かがくれた帽子をかぶり、誰かにもらった手袋をして、誰かのお古の自転車に乗っている。主義や思想でしているというより、そういう性分のようだ。

スタッフに聞いた話だが、以前新しい店でコーヒーミルが必要になった時、「そういうのは買わなくても欲しいと思っていればいつかやってくる」と言われたという。実際さほど時間をあけずに、知り合いの店で使われなくなった古いコーヒーミルを引き取ることになった。

彼はこんな調子で、商品のつもりでつくっていないばかりか、みずからも商品をあまり買わない。お金で間に合わせるより、関係性の中で価値を交わし合うことの方に時間を使って生きているように見える。

最近若い人たちと話していると、仕事の夢を語る時「エコもお金も」とか「充実感もお金も」といった具合に、「お金も」の一言を忘れずに加える人が多い。

「お金もある程度ないと」という言葉や「不自由しない程度にお金も欲しいし」、といった言葉に出会うと応答に困る。まったくその通りではあるけど、「程度」と言うぐらいだからその過不足は人によって違うわけで、つまりこうした発言は限りなく独り言に近い。

「お金も」という言葉は、どこから来るのだろう?

社会全体が、よりお金を必要とする方向に整い合っている以上、ごく自然な発言ではある。しかし、たとえば地縁や血縁で結ばれた共同体には、お金がなくても生きてゆけるようなまた別の重力場がある。お金でなく関係性によって生きてゆける世界がある。

先日、全国各地で地域づくりの仕事に関わっている若者と話す機会があった。仕事を通じてここ2~3年の間にものすごい数の人々、しかも土地土地のキーパーソンに会ってきたという。その流れをふり返りながら彼は、「最近は急にメインの職を失っても、自分と自分の家族はなんらかの方法で食べていけるだろうという安心感があるんです」と話していた。

仕事を通じて彼は、関係資産とでもいうものを培い得ているのだと思う。

考えてみれば、財閥と呼ばれる人たちも、単にお金だけを増やしているわけじゃない。彼らが追い求めているのは「富」の蓄積とそれに付随する「力」の維持であって、お金はそれを可能にする媒体のひとつに過ぎない。

ゴールド、アート、宝石、鉱物、水、エネルギー、その他環境資源など、彼らはさまざまな形で富を分散所有し、またその相場を管理している。たとえばニューヨークの現代美術館のほとんどがユダヤ系財閥の所有物であることを見れば、彼らが20世紀に現代アートという市場を新たにつくり、そこで富の運用を行ってきたのは自明のことだろう。

富は希少性によって担保される。人類が最初に価値の交換と保存にもちいた社会的な媒体は、たとえばサクラ貝であり塩だった。

しかし多くの人の意識は、今は「お金」に集中している。

昔の村のような共同体社会では、関係資産が形成されやすいが縛りもきつい。都市型の社会ではそれをご破算にして、かわりに金銭的な資産形成を是としてきたわけだが、今度はお金の縛りがきつく、時に非人間的な関わり合いも生じる。

拝金主義がどうこうといった話より、お金以外の価値の存在に目がいきにくくなっていることが実は問題なんじゃないか。

また、そこに光があるようにも思う。

関係資産は、仕事や働くことを通じて育むこともできる。互いに「いる」ことが成されるなら。逆にいうと、人間同士としての関係性を育めないような仕事や働き方には、どこか問題があるんじゃないか。

仕事は収入を得ること、つまりお金を手に入れることとほぼ同義になってしまって、生気を失いがちだ。しかし、そもそも主にお金のために、かつ言われたことを言われたとおりやることは仕事なんだろうか。僕の感覚では、それは仕事というより、労働という言葉のニュアンスに近い。

*

この本の原稿に取り組んでいた2009年の春、ある大学を訪ね、キャンパスの芝生の上に立っていた看板が目にとまった。ボディワークやカウンセリングの分野で活動されている小原仁さんの公開講座の案内。そのコピーが秀逸だったので、うろ覚えではあるが共有してみたい。


「○○したいけど難しい」という人がいる。

「難しい」に力が入っている。

「難しいけど○○したい」という人がいる。

「したい」に力が入っている。


わたしたちが語る言葉には、センテンスの末尾に近づくほど、直近の自分が含まれていると考えていいだろう。

そこに「難しい」というエネルギーを置いている人は事態を難しくするし、「したい」というエネルギーを置く人は必要なサポートを得る、といった主旨が述べられていた。

なるほど、賛成です。では早速。


やらされてやるような労働はしたくないし、してほしくもない。どんな難しさがあろうと、一人ひとりが自分を突き動かしている力、この世界に生まれてきた力を働きに変えて、つまり〈自分の仕事〉をすることで、社会が豊かさを得る。

そんな風景を本当に見たいし、自分もその一端で働き、生きてゆきたい。

## 謝辞

まず最初に、これまで大学で教える機会や、ワークショップやレクチャーで語る機会を与えてくれた方々に感謝します。

たとえば、多摩美術大学に誘ってくれた鋼利治さんと宮崎光弘さん。プレデザインという授業を任せてくれた同校の猪股裕一さんや榊原晏さん。静岡文化芸術大学で教える機会をつくってくれた岩政隆一さん。京都工芸繊維大学の仲隆介さん、愛知県立芸術大学の石井晴雄さん。武蔵野美術大学の原研哉さん。九州大学の目黒実さん、坂口光一さん。大阪の扇町インキュベーションプラザにいた山納洋さんや、ＪＩＡ建築セミナー・２００７の担当者諸氏。そのほか、さまざまな場を提供してくれた人たちに。

参加していた学生をはじめ、それらの場を通じて出会ったすべての方々にも。中でも、２００７年から年に一度主催している〈自分の仕事〉をテーマにした数日間のワークショップでの時間は、ほかに代え難いものがあります。

2009年から奈良県立図書情報館で始まったフォーラム「自分の仕事を考える3日間」のスタッフの乾聰一郎さんと加藤聖子さん、そしてゲストと参加者の方にも。

前著を書き終えてから、タイトルに含まれている「自分」という言葉の曖昧さが気になり始めました。自己主張的・自己中心的なあり方を賛ずるつもりはないけれど、そう受け取られる可能性もある。それに、そもそもどこまでが「自分」なんだろう。このことは心理学的にも、生物学的にも、社会学的にも極めて不明瞭です。

「自分」はあると思うし、「自分」なんてないとも思う。自力を大事だと思うけれど、他力本願といった言葉にも強く頷ける。

このあたりのわからなさについて最初にモヤモヤとした話を聴いてくれたのは、2006年に奈良で開かれたトークセッションでご一緒した鷲田清一さんでした。壇上で打ち明けた、

「〈自分の仕事〉という言葉の〈自分〉は一体どこまでのものなんだろう?」という逡巡に、彼は「自分は他の誰とも代わりのきかない"Unique I"であるということと、他の大勢のうちの一人"One of them"に過ぎないという矛盾に安心して乗っかっていられるようになることが人の成熟である、という話をある精神科医が書いていてね……」と柔らかく応じてくれました。

このことについて未だなんの結論も持ち得ていませんが、諭すわけでも教えるわけでもない、ゆとりのある鷲田さんの応答はありがたかった。

中世以降の自治と統治の移ろいについて、東北大の本江正茂さんや慶應大の中西泰人さんにとりとめのない話を聞いてもらったこともあります。ご本人たちは記憶にないかもしれませんが、お二人にも感謝の気持ちをお伝えします。

2002年から3年間たずさわった全国教育系ワークショップフォーラムの、西田真哉さんや中野民夫さん、森川千鶴さん。

そして中でも、伊勢達郎さん、橋本久仁彦さんとの出会いには得難いものがあります。その後２００６年に数名の仲間たちとはじめたワークショップの勉強会や、その彼らと開催した「ワークショップフォーラム g」（２００９）の準備過程とも、この本の執筆は同期していました。

ワークショップやファシリテーションといった言葉で呼ばれる、人間の創造性とその取扱いの技術をめぐる探検報告は、また別の本にまとめたいと思います。

取材に応じてくださった黒森庵の加藤晴之さん。ロサンジェルスのパッツィー・カーターさんと、当時通訳を手伝ってくれた宮下夫妻。取材から十数年を経たインへ写真を撮りに行ってくれたロス在住の杉原聡さん。生前のカスティリオーニの仕事場をともに訪れてくれた多木陽介さん。

前著の文庫版をともに手がけた筑摩書房の喜入冬子さん。その後も単行本の出版をつづけてくれている晶文社。同社からバジリコへ移った後もこの原稿を待ちつづけ、途中段階の草稿に何度も目を通してくれた編集者の安藤聡さん。前著につづいてデザインを担ってくれたアジールの佐藤直樹さんと中澤耕平さん。いつも僕の話を聴き、草稿を読み、大切なフィードバックをしてくれる妻の西村たりほ。

そして最後まで読んでくださった方々に、感謝の気持ちをお伝えします。

（２００９年8月）

# 文庫版あとがき

西村佳哲

僕が妻と住んでいる永福町の駅の改札に、ある時期毎年、つがいのツバメが巣がけに来ていました。彼らは人の往来の間近で営巣します。「こんな近くに寄ってもらっちゃって、いいんですか!?」と嬉しい気持ちで、監視カメラの上で始まった巣づくりを見上げて三日目の晩、巣が無くなっていることに気づいて、ひどく動揺した。二羽のツバメは肩を並べて、カメラのコードにとまっています。

駅員さんに「撤去したんですか!?」と訊いてみると、「糞のクレームがあるので」と言う。でも僕らのように、喜んでいる人間もいた。クレームを伝えてきた人だけがそのことにかかわっているわけじゃないのに、そちらだけが優先されてしまうのはちょっとどうなんだろう?

そもそもツバメに巣がけしてもらえるなんて、かなり祝福感の高い出来事ではない？うちに来て欲しいぐらいなんですけど（まったくもって趣味の問題ですが）。兎にも角にも、つくっている最中の巣を落とすなんて！

こうなったら駅長さんに抗議するしかなかろう。来年のためにも。どう言えばこの悔しさが伝わるか。どんな言葉で表現すると彼らは最もこたえるだろう。目にもの見せてくれよう……なんてことを一日考えていたのだけど、ツバメは素晴らしかった。翌日からまた同じ場所で巣をつくり始めた。

ところが即撤去。今度は鳩よけのような番線まで張られています。再び落胆する僕ら。駅長、および京王電鉄にこの想いをどう伝えたものか！　と憤懣やるかたない気持ちを抱えたものだけど、ツバメは素晴らしいというか、空気読まないというか。何事もなかったかのように、再び同じ場所で巣づくりを始めたんです。

翌朝改札口を通って、その二羽を見上げていた駅員さんに「また撤去するんですか？」と話しかけてみたら、今度は「しませんよ」と言う。たぶん僕ら以外の住民からもいろんな声があったんでしょう。ツバメたちはその年、二度卵を産み、無事雛を孵して、夏の終わりにはどこかへ帰っていきました。

ツバメは根に持ったりしないんですよね。巣を壊されても恨まないし、へこみもしない。僕らのように「この腹立たしさ、どう伝えてくれよう」なんて考えない。こうするべきとか、そもそもこうあるべきなんて考えもせず、さっさと次の行動に入る。ただまっすぐ生きている。

もちろんわたしたちはツバメじゃあない。人間です。だから、望ましくない状況があれば少しでも良くしようとするし、現実と理想の間にはまれば葛藤も抱える。そして、そうした事々の積み重ねが、文明や一人ひとりの人生の一部を形づくっているとは思う。

けど、ただ精一杯生きればいいところで、どこかで耳にした「べき論」や「概念」にとらわれて、同じ場所に人が留まりつづけてしまうようなことがしばしば起こっていないか？

そして僕の最初の本『自分の仕事をつくる』も、その一助になっていやしないだろうか？　納得できる仕事をしなければならないとか、丁寧な仕事をしなければならない、といった具合に。


自分の仕事をつくる、というタイトルは好きです。が、「つくらなければいけないの？」という自問も浮かぶ。ただ黙々と与えられた仕事に取り組んできた人や、継がざるを得ない家業を懸命に勤め上げている人たちの中にも、まぶしい人は沢山いたし、いる。

会社を辞めて独立することを促したいわけじゃない。あらためて考えると、「働くことはいいことだ」とか「わたしたちは働くべきだ」なんてことも実は思っていないことに気づきます。働くことを促したいわけですらない。

仕事を通じてわたしたちは一体なにをしているのかな？　ということを、わからなさも嬉しさも含み、ともに感じたり考えてみたい。

今からちょうど2~3年前、そんなことを求めて、山の中を歩き回るような気持ちでこの本を書いていました。

その同じ山をまったく別の路筋からガシガシと登ってゆく姿がとても頼もしく、痛快で、昨年末、一気に読み終えてしまった一冊に筑摩書房の『移行期的混乱』があります。その著者の平川克美さんが、このあとの解説文を書いてくださった。

平川さん。今日も働いています。寄せていただいた文章、とても嬉しく拝読しました。ありがとうございます。

二〇一一年四月一九日

## 遠方の隣人への挨拶——「解説」にかえて

平川克美

西村さん、こんにちは。

とはいっても、まだお目にかかったことはありませんでしたね。ぼくの前には、ただ貴殿が書かれた数冊の本があるだけです。

偶然が重なって、ひょんなことから貴殿の書かれた本の解説を仰せつかることになりました。これまでにも、何度か書評というものをしてきましたが、ぼくはあまり新刊書というものを読まないので、お引き受けできるかどうかちょっと迷いました。

もちろん、本を読むのは大好きですが、最近は興味をそそられる本があまり見当たらず、幾度も読んできた古典や、古い小説ばかりを手にすることが多いのです。

とりあえず、本をお送り下さいと編集部に頼んで、昨晩風呂上りに貴殿の書かれた本を読み始めました。そして一気に読んでしまいました。

最初に思い浮かんだのはこんなことでした。

「詩を書くということは本当に楽しいことです。でも、お金にならない詩を、いったいいつまで続けることになるんだろうと、途方に暮れたことがありました。そのとき、わたしを支えてくれたのは、わたしは詩が好きなんだということと、わたしの詩をどこかで誰かが読んでくれているという思いでした。」

ラジオで対談した詩人の小池昌代さんの言葉です。

そのとき、ぼくはこんなふうに応じました。

「見えない敵に向かって鉄砲を撃っていると、暗闇の遠くから銃声が聞こえてくる。どこかの誰かも見えない敵に向かって撃っている。ものを書き続けるってそんな行為じゃないかと思っていたことがあります」

小池さんは「まあ、みんな同じなのね」と呟いていました。

なんで、こんなことを思い浮かべたのかは、貴殿はすでにお判りだろうと思います。ぼくにとって、貴殿もまた同じような見えない何かにむけて、孤独な作業を続けている隣人であると思ったからです。というのは、ぼくもまた、貴殿が照準しているテーマをめぐって、ここ数年考えたり、書いたりしてきたからです。

形容矛盾を承知で言えば「遠方の隣人」というわけです。

そのテーマとは、誰もが一度は考えたことのある「働くとはどういうことなのか」というものです。そして、なぜそんなことをテーマにしたのかと言えば、ぼくの一日のほとんどは、寝ているか、働いているかであり、それほど大きな時間を費やしている「働くこと」

の意味について自分で納得の得られるような解答を得たかったからです。

天下国家についての論考ではありません。誰の日常にもありふれた、身の回りに転がっているちいさな問題です。

しかし、作業をはじめて直ぐに、これは問いは簡単だが、答えは恐ろしく難しい種類の問題であると気付くことになりました。

なぜなら、この問いこそは人類の歴史と同じだけ古いものであり、歴史の中で何度も何度も繰り返されてきた答えのない問いだからです。

貴殿は書いています。

——正解を求める心の動きはどのように形成されるのか。間違いのない買い物や、損のない買い物、賢い買い物をしたいという感覚も。「深めきれていない」という先の言葉もそうだが、その辺りには強迫観念のようなものが透けて見える。

——が、選べないことが貧しさになってしまうのは、選ぶことを課せられたゲームの中での話だ。そもそも与えられた選択肢の中から選ぶことが、豊かなのかどうか。

「働くとはどういうことか」という問いを自らに向け、自分の頭で考えたものだけが最初に逢着する場所がここだろうと思います。

ここ二十年というもの、多くの若者たちが自己決定、自己実現、自己責任というアイデアに骨がらみにされてきました。しかし、ここで言う自己決定とは、実のところ目の前に並べられた料理のどれを食べたら身体によいのかというような、効率重視の強制された自己決定に過ぎないとぼくは思います。そんなふうにして料理を食べても楽しくもないし、おいしくもない。キャリアや報酬だけを基準に仕事を選ぶのも同じことです。そこには、働かないという選択肢も、自分で仕事を作り出すという選択肢も、あるいは仕事はなにをやったって同じことだと考える選択肢もあらかじめ排除されています。よい会社に入れば、自分らしさが発揮でき、自己実現できるというキャリアアップの考え方（随分流布されましたよね）は、一見合理的な考え方に見えますが、それは与えられた前提の中での、極めて限定された合理性に過ぎないのだとぼくは考えています。

ちょっと哲学的なことを言わせていただけば、人間は何か目的を持って生まれてきた存在ではありません。サルトルなら「実存」というでしょうし、お釈迦様なら「諸法無我」というかもしれません。ぼくたちがこの世に生まれ落ちたときに、すでにゲームは始まっており、ぼくたちは突然そのゲームのプレーヤーとして、つまり遅れてきた存在として参加させられてしまっている。

ぼくたちは、自分の意思で自由に生き方を選択し、決定しているかのように思いたいのですが、自分の意思で生まれたわけではないし、自分の意思で選択しているわけではない。

詩人の吉野弘さんの詩にあるのですが、まさにI was born. というわけで受身型から始まっています。

もし、ぼくたちが自分の意思ということに敬意を表するとすれば、それは多くの人々がこの受身型を自らの責任として引き受け、偶然を必然として読み替える努力を続けてきたということにあるのではないでしょうか。そこにこそ意思の輝きがあるんですね。

貴殿はそれをこんなふうに表現してくれました。

——どのような状況でも自分を失わず、精神の持ち場を離れずに、その働きを成すこと。／そして、『自分の仕事をつくる』という前著のタイトルを思い浮かべる僕の内面に、ちょっとした緊張感が生まれる。ただ、仕事を自給自足しようとか、手を抜かない仕事をしようといった話ではなく、「働くことを通じて自分という存在に責任を果たそう」という投げかけが含まれていることに、あらためて気付かされる……。

ぼくは、貴殿の考え方に共感します。そしてそれ以上に、こういった文章を書き付けている筆者の息づかいに惹かれます。

ぼくの兄貴分にあたる作家で、最後まで町工場の旋盤工として働いた小関智弘さんはこんなふうに言っていました。

「働くことと生きることが同義であるような在りかた」。ぼくは、小関さんのこの言葉の射程の遠さに強く惹かれています。働くとはどういうことかを考えることを通じて、ぼくたちは働くこととは、お金や、地位や、賞賛といった何かを得るための手段なのではなく、働くこと自体が生きることなのだということを確認しているのではないかと思っています。

そんなことを徹底的に考えてゆくこと、仕事の深さを測定するようなこの作業は孤独なものに違いありません。でも、どこか遠いところに、同じように考え、同じように闘っている見えない隣人がいるのだと思うと、なんだか楽しくなります。

「遠方の隣人」という形容矛盾なタイトルにそんな意味を込めてみました。

西村さん、素敵な本を書いていただいたことに感謝しています。

おそらく、多くの「遠方の隣人」が西村さんの息づかいを感じながら、今日も仕事に励んでいるのだと思います。

２０１１年4月1日（東日本大震災から三週間目）

（ひらかわ・かつみ　実業家・文筆家）

## 参考文献

『ファストフードが世界を食いつくす』エリック・シュローサー　草思社
『魂の労働』渋谷 望　青土社
『われわれは一体なにをしておるのか』読売新聞大阪社会部　講談社
『愛するということ』エーリッヒ・フロム　紀伊國屋書店
『蕎麦打』加藤晴之　筑摩書房
『考えあう技術』苅谷剛彦、西 研　ちくま新書
『影との戦い――ゲド戦記』アーシュラ・K. ル＝グウィン　岩波書店
『パワー（西のはての年代記 3）』アーシュラ・K. ル＝グウィン　河出書房新社
『イームズ入門』デミトリオス・イームズ　日本文教出版
『近代の労働観』今村仁司　岩波新書
『自分のなかに歴史をよむ』阿部謹也　ちくま文庫
『働かない』トム・ルッツ　青土社
『サブリミナル・マインド』下條信輔　中公新書
『字統』白川 静　平凡社
『夜と霧』ヴィクトール・E・フランクル　みすず書房
『僕のホスピス 1200日』山崎章郎　文春文庫

本書は2009年10月、バジリコ株式会社より刊行された。

ちくま文庫

# 自分《じぶん》をいかして生《い》きる

二〇一一年六月十日 第一刷発行
二〇二三年二月十五日 第十五刷発行

著者 西村佳哲（にしむら・よしあき）

発行者 喜入冬子

発行所 株式会社 筑摩書房
東京都台東区蔵前二―五―三 〒一一一―八七五五
電話番号 〇三―五六八七―二六〇一（代表）

装幀者 安野光雅

印刷所 中央精版印刷株式会社

製本所 中央精版印刷株式会社


ISBN978-4-480-42841-7 C0195